PHYSIOCRATIE,

OU

CONSTITUTION NATURELLE

DU GOUVERNEMENT

LE PLUS AVANTAGEUX AU GENRE HUMAIN,

Non oderis laboriosa opera, et
Rusticationem creatam ab Altissimo.
Ecclesiast. C. VII. v. 16.
D. Jeaurat inv.
M.e Ozanne Sculp.
QUI OPERATUR TERRAM SUAM,
SATIABITUR.
Prov. C. XII. v. 11.

PHYSIOCRATIE,

OU

CONSTITUTION NATURELLE

DU GOUVERNEMENT

LE PLUS AVANTAGEUX AU GENRE HUMAIN.

RECUEIL publié par DU PONT, des Sociétés Royales d'Agriculture de Soissons & d'Orléans, & Correspondant de la Société d'Émulation de Londres.

Ex naturâ, jus, ordo, & leges.
Ex homine, arbitrium, regimen, & coercitio. F. Q.

A LEYDE,

Et se trouve A PARIS,

Chez MERLIN, Libraire, rue de la Harpe.

DISCOURS
DE L'ÉDITEUR.

Je rassemble, sous un titre général & commun, des Traités particuliers qui ont servi à mon instruction, & qui pourront servir à celle des autres. Leur Auteur m'en a donné la plûpart successivement pour en enrichir un Ouvrage périodique, dont j'étais alors chargé, & qui a pour objet l'accroissement d'une Science essentielle au bonheur de l'humanité (*). Il ne suffit point à mon zèle de les avoir consignés séparément dans des volumes détachés. Je crois devoir les

____

(*) Le Journal de l'Agriculture, du Commerce & des Finances.

rapprocher pour rendre leurs rapports plus fenfibles , & pour en
former un corps de doctrine déterminé & complet , qui expofe
avec évidence le *droit naturel* des
hommes , *l'ordre naturel* de la So-
-ciété , & les *loix naturelles* les plus
avantageufes poffibles aux *hommes*
réunis en *fociété.*

Ces trois grands objets font très
diftincts, & cependant font *effen-
tiellement* liés enfemble. Ce ferait
les mal connaître que de les confondre. Ce ferait vouloir ne les
connaître jamais dans toute leur
étendue, que de les étudier d'une
manière ifolée, & fans examiner
leurs rapports.

LE DROIT NATUREL de l'hom-
me, dans fon fens primitif le plus

général, est *le droit que l'homme a de faire ce qui lui est avantageux;* ou, comme dit l'Auteur dont je publie aujourd'hui quelques écrits, *le droit que l'homme a aux choses propres à sa jouissance.*

Ce *droit* est assujetti, par la Nature même, à des relations qui en varient tellement l'usage, qu'on est obligé de le définir ainsi d'une maniere générale, qui embrasse vaguement tous les différens états où l'homme peut se trouver.

Mais dans quelques circonstances qu'on nous suppose; soit que nous vivions isolés, ou en troupe, ou en société réguliere, notre *droit aux choses propres à notre jouissance* est fondé sur une condition impérieuse par laquelle *nous sommes chargés de notre conserva-*

tion *fous peine de fouffrance & de mort*. Le dernier degré de févérité de la punition décernée par cette *loi* fouveraine eft fuperieur à tout autre intérêt & à toute loi arbitraire.

L'ufage du *droit de faire ce qui nous eft avantageux* fuppofe néceffairement *la connaiffance de ce qui nous eft avantageux*. Il eft de l'effence de ce *droit* d'être *éclairé* par la réflexion, par le jugement, par l'arithmétique phyfique & morale, par le calcul évident de notre véritable intérêt. Sans quoi, au lieu d'employer nos facultés à faire *ce qui nous ferait avantageux*, nous les employerions fouvent à faire *ce qui nous ferait nuifible*. Alors on ne pourrait pas dire que nous ufaffions de notre *droit na-*

turel; & il exifterait entre le principe de notre conduite & la plûpart de fes effets une groffiere &
funefte contradiction. Il eft donc
fenfible que l'exercice de notre
droit naturel eft évidemment &
néceffairement déterminé par des
caufes abfolues que notre intelligence doit étudier & reconnaître
clairement , auxquelles elle eft
obligée de fe foumettre exactement, & hors de l'enchaînement
defquelles nous ne pouvons faire
aucune action licite ni raifonna-
ble.

Le *droit aux chofes propres à fa
jouiffance* exiftait pour le premier
homme. Il exifte pour un homme
abfolument ifolé. Confidéré même rigoureufement & uniquement
dans ce premier point de vue, il

précede *l'ordre social*, ainſi que tout juſte & tout injuſte relatifs. Mais dans ce cas comme dans tout autre, il n'en eſt pas moins ſoumis par ſon eſſence aux *loix phyſiques* de *l'ordre naturel* & général de l'univers. Dans ce cas, comme dans tout autre, il ne peut être employé ſûrement que ſous la direction de la raiſon *éclairée*. Dans ce cas, comme dans tout autre, il eſt aſſujetti à des bornes différentes de celles du pouvoir phyſique inſtantané de l'individu, & à des *régles* évidentes & ſouveraines, deſquelles l'individu ne pourrait s'écarter en aucune façon, qu'à ſon propre préjudice.

Un homme exactement ſeul dans une iſle déſerte ſemble avoir le choix d'agir ou de ſe livrer au repos. Mais, comme nous l'avons remarqué, il eſt chargé par la Nature même de pourvoir à ſa conſervation *ſous peine de ſouffrance & de mort.* A moins qu'il ne ſoit inſenſé, il ſe gardera donc bien de reſter oiſif. Il travaillera pour ſe procurer de la pâture & pour établir ſa ſûreté contre les attaques des autres animaux. Il reconnaîtra même qu'il ne ſuffit pas de ſatisfaire par un travail paſſager au beſoin du moment ; il cherchera à ramaſſer & à conſerver des proviſions pour ſubvenir aux accidens, & pour jouir dans les ſaiſons où la terre refuſe ſes fruits. Autrement il ne ferait pas uſage du *droit* qu'il a *de faire ce qui lui eſt avantageux* ; il ne remplirait pas le *devoir* qui lui eſt impérieuſement prescrit par la Nature ; & l'effet irrésistible d'une *loi* naturelle le punirait promptement & sévérement de sa négligence.

Si au lieu d'un homme seul , c'était plusieurs hommes qui se rencontrassent dans un pays inculte ; il est certain qu'ils auraient le pouvoir physique de se combattre les uns les autres ; que le plus fort aurait le pouvoir physique d'enlever *quelquefois* la pâture du plus faible; que deux faibles réunis, que le plus faible même , à la faveur de la ruse , de la surprise, ou de l'adresse, aurait quelquefois le pouvoir physique de vaincre le plus fort, de lui ravir sa proie & même la vie. Mais il est également certain qu'ils se garderaient bien de tenir une conduite aussi dange-

reufe, auffi défordonnée, auffi in-
fructueufe, auffi propre à les dé-
tourner mutuellement du travail
néceffaire pour affurer leur fubfiftance, & dont le péril extrême &
palpable ferait auffi vifiblement réciproque. Ils appercevraient d'a-
bord *évidemment* qu'un tel état de
guerre les conduirait à périr *tous* à
la fin ; & qu'en attendant cette fin
cruelle, ils feraient *tous* réduits à
mener une vie très miférable, dans
laquelle *aucun* d'eux ne jouirait, &
ne pourrait même efpérer de jouir
de fon *droit de faire ce qui lui ferait*
avantageux.

Or les hommes n'ont rien de
plus intéreffant que de s'affurer la
jouiffance de ce *droit* fondamental. Avertis les uns & les autres
par des befoins preffans de la né-

cessité d'employer leurs forces physiques, afin de pourvoir à leur propre conservation, loin d'en faire
usage pour se nuire, pour se détruire
réciproquement, le besoin mu-
tuel, la crainte, l'intérêt, la raison
enfin, leur feraient réunir ces mêmes forces pour le bien de tous; les
soumettraient à des régles naturelles de justice & même de bienfaisance réciproque ; établiraient nécessairement entre eux des conventions sociales, tacites ou formelles,
pour assurer à chacun l'usage licite
de son *droit naturel*, de son *droit
aux choses propres à sa jouissance*,
ou en d'autres termes, *la liberté de
profiter des avantages qu'il peut retirer de l'ordre naturel.*

L'ORDRE NATUREL est la *cons-*

titution phyfique que Dieu même a donnée à l'univers, & par laquelle tout s'opére dans la Nature. En ce fens général & vafte, *l'ordre naturel* précéde de beaucoup le *droit naturel* de l'homme ; il s'étend bien au-delà de l'homme & de ce qui l'intéreffe ; il embraffe la totalité des êtres.

Mais quand on envifage cet *ordre* fuprême relativement à l'efpece humaine, on voit qu'il doit renfermer, qu'il renferme en effet dans le plus grand détail, tous les biens phyfiques auxquels nous pouvons prétendre, & l'inftitution fociale qui nous eft propre.

C'eft *l'ordre naturel* qui nous foumet à des befoins phyfiques.

C'est lui qui nous environne de moyens physiques pour satisfaire à ces besoins. C'est par lui que tout effet a nécessairement sa cause, que toute cause a ses effets directs. C'est lui de qui nous tenons le don précieux de pouvoir étudier & reconnaître évidemment cet admirable enchaînement de causes & d'effets, dans les choses sur lesquelles il nous est possible d'étendre l'usage de nos sens & de notre raison. C'est donc lui qui nous prescrit souverainement des *loix naturelles* auxquelles nous devons nous conformer & nous soumettre, sous peine de perdre, en raison proportionnelle de nos erreurs & de notre égarement, la faculté de faire *ce qui nous serait avantageux*, & d'être ainsi privés de l'ufage de notre *droit naturel.*

LES LOIX NATURELLES confi-
dérées en général, font les *condi-*
tions effentielles felon lefquelles
tout s'exécute dans l'ordre inftitué
par l'Auteur de la Nature. Elles
different de *l'ordre* , comme la
partie differe du tout. Il en exifte
fans doute une immenfe quantité
qui nous feront éternellement in-
connues, qui n'ont aucun rapport
à l'homme , & dont il ne ferait
même pas fage de nous occuper ;
car c'eft pour nous une affez
grande affaire que celle de fonger
efficacement aux moyens d'accroî-
rre & d'affurer notre bonheur.

Ces moyens font évidemment
indiqués par les *loix naturelles* de
la portion de *l'ordre général phyfi-*

que, directement relative au genre humain.

LES LOIX NATURELLES prises en ce sens, qui nous est relatif, font les *conditions essentielles aux-quelles les hommes font assujettis pour s'assurer tous les avantages que l'ordre naturel peut leur procu-rer*. Elles déterminent irrévocablement d'après notre essence même & celle des autres êtres, quel usage nous devons nécessairement faire de nos facultés pour parvenir à satisfaire nos besoins & nos desirs ; pour jouir, dans tous les cas, de toute l'étendue de notre *droit naturel* ; pour être, dans toutes les circonstances, aussi heureux qu'il nous est possible.

Ce font ces *loix de nature* qui prescrivent la réunion des hommes en société, & qui fixent les régles de cette réunion d'après les droits, les devoirs, & l'intérêt manifeste de tous & de chacun.

L'homme isolé serait exposé à mille accidens ; il manquerait souvent des forces dont il aurait besoin pour le succès de son travail ; une maladie, une chûte violente, une jambe cassée, un pied démis, le condamneraient à mourir de faim. Il serait donc puissamment excité par l'*évidence* de son intérêt à s'associer avec ses semblables, quand même il ne naîtrait pas en société. Mais la longueur & la faiblesse de son enfance établissent, même dans l'état le plus sauvage, une société naturelle entre les peres, les meres & les enfans, qui surviennent en grand nombre avant

que les aînés foient en état de fe
paffer du fecours de leurs parens.

Dans cette affociation primitive,
la fenfation vive & toujours préfente du befoin réciproque, jointe
aux mouvemens de l'attrait naturel, non-feulement profcrit toute
ufurpation entre les co-affociés,
mais affure à chaque individu tous
les fecours qui peuvent lui être néceffaires de la part des autres individus & la participation à tous les
avantages que la famille peut fe
procurer. Toute autre conduite
ferait funefte à la famille, prive-
rait fes membres de l'ufage de
leur *droit naturel*, & conduirait
l'affociation & les affociés à leur
deftruction totale.

Il eft évident par-là que les régles de l'affociation primitive ne

font

font pas des régles arbitraires, & que dès que pluſieurs hommes vivent enſemble ils ſont ſoumis par leur propre intérêt à un ORDRE NA-TUREL SOCIAL, à un ORDRE DE JUSTICE ESSENTIELLE qui *établit le droit réciproque des co-aſſociés ſur les* loix phyſiques *qui aſſurent la ſubſiſtance des hommes, & ſur le* droit naturel *dont chacun d'eux doit jouir ſans uſurpation de ce qui appartient aux autres, & dont tous ne peuvent jouir* complettement, ni aucun d'eux ſûrement, *qu'à cette condition fondamentale.*

L'ORDRE NATUREL *ſocial*, fonde ſur l'expérience inconteſta-ble du bien & du mal phyſique, la connaiſſance évidente du bien & du mal moral, du juſte & de l'in-

juſte par eſſence. Il offre à la prudence, à la morale, à la ſageſſe,
à la vertu; des principes ſolides &
des régles aſſurées. Il nous ſoumet
pour notre bien à *l'obſervance* de
pluſieurs *loix naturelles.*

CES *LOIX NATURELLES* de l'or-
dre ſocial, auxquelles nous ſommes
eſſentiellement aſſujettis pour nous
aſſurer la jouiſſance de tous les
avantages que l'ordre ſocial peut
nous procurer, embraſſent toutes
les relations dont nous ſommes
ſuſceptibles. Elles décident, dans
tous les cas, par l'évidence de notre intérêt réciproque, quelle conduite nous devons tenir avec nos
ſemblables pour notre propre bonheur. Elles nous conduiſent à toutes
les inſtitutions qui étendent notre

félicité en multipliant nos rapports avec les autres hommes, & les occafions des fecours mutuels entre eux & nous. Elles nous ménent à l'établiffement de L'OR-DRE LÉGITIME qui confifte dans *le droit de poffeffion affuré & garanti par la force d'une autorité tutélaire & fouveraine, aux hommes réunis en fociété.* Elles dictent toutes les *loix pofitives* qui doivent émaner de cette autorité, & qui ne peuvent, fans défordre & fans deftruction, être que *des actes déclaratoires des loix naturelles de l'ordre focial.*

ON VOIT, par cette chaîne de vérités fouveraines, comment & pourquoi les hommes ne peuvent faire ufage de leur *droit naturel,*

qu'en se conformant à *l'ordre na-*
turel ; comment & pourquoi ils
ne peuvent jouir des biens auxquels *l'ordre naturel* leur permet
d'aspirer qu'en se soumettant aux
conditions nécessaires pour acquérir la jouissance de ces biens ;
qu'en obéissant aux *loix naturelles.*

Voilà le cercle évidemment
tracé par la Nature pour le bonheur des hommes en ce monde!
Voilà les limites dans lesquelles
le Créateur a renfermé l'emploi
utile de notre intelligence. Cette
intelligence nous fut principalement donnée, afin que nous pus-
sions nous *instruire,* connaître &
juger de nos *droits naturels* & de
nos devoirs réciproques; nous *gou-*
verner conformément à *l'ordre na-*
turel social ; & établir des *loix po-*

fitives pour *contraindre* les Citoyens ignorans, foux ou dépra-
vés à la foumiſſion aux *loix natu-*
relles de la fociété.

TELLE EST l'explication abrégée
de l'épigraphe pleine de fens que
j'ai cru devoir placer à la tête de
ce Recueil, & qui n'eſt que l'expreſſion d'une penſée de l'Auteur
même des divers morceaux dont
il eſt compoſé. Tel eſt le plan du
Livre qui réſultera de cette col-
lection de différens ouvrages qui
avaient été féparés par les circonſtances, mais qui font attachés
les uns aux autres par leur nature.

Le premier examine le *droit na-*
turel de l'homme fous toutes fes
faces & par rapport à toutes fes relations extérieures. *L'analyſe du*

Tableau économique, qui suit, offre aux yeux *l'ordre social physique.* Les *Maximes générales du Gouvernement économique* qui terminent la marche, présentent les *loix naturelles* de cet *ordre* évidemment le plus avantageux à la société.

Après cette exposition générale de la doctrine, j'ai ajouté à ce Recueil une seconde partie qui renferme des discussions & des développemens intéressans, quoique particuliers à quelques-unes des notions de l'économie politique. Mais c'est dans la premiere partie que le Lecteur pourra trouver une connaissance méthodique du *droit naturel*, de *l'ordre naturel social*, des *loix naturelles à la société*, de la nécessité & des moyens d'y conformer notre conduite pour notre

bonheur ; & c'eſt dans cette connaiſſance évidente & ſuivie que
conſiſte la ſcience de la *Phyſiocratie* ou de *l'ordre naturel eſſentiellement conſtitutif du Gouvernement le plus parfait.*

JE SAIS que quelques eſprits
ſuperficiels, & peut-être auſſi quelques eſprits mal intentionnés, qui
comme les corbeaux redoutent
la réſurrection des morts, s'effor-
cent encore, autant qu'il eſt en
eux, de faire méconnaître la poſ-
ſibilité de réduire à une ſcience
phyſique, exacte, évidente &
complette, celle du *droit de l'ordre,* des *loix* & du *Gouvernement
naturels,* & voudraient du moins
rendre problématiques les avantages qui doivent réſulter de l'étu-

de & de la publicité d'une science auſſi néceſſaire au genre humain.

. Il ne faut pas répondre à des gens qui voient, qui ſavent, qui ſont forcés de convenir que nous avons la faculté d'acquérir une connaiſſance certaine de l'éther ſubtil, répandu dans tous les autres élémens; une connaiſſance aſſurée des révolutions des Satellites de Ju-piter ; une connaiſſance évidente des régles de l'arithmétique infini-téſimale, intégrale & différentielle, &c, &c ; & qui prétendent nous perſuader que nous ne pouvons cependant nous procurer aucune régle évidente ſur la maniere dont nous devons nous conduire avec les autres hommes, & dont la ſo-ciété doit être conſtituée pour que l'eſpece, les individus, & nous-mêmes fur-tout, foyons le plus heureux qu'il eft poffible à notre nature?

Je dis *le plus qu'il eft poffible à notre nature ;* car nous ne pouvons pas efpérer, & pour peu que nous faffions ufage de notre raifon, nous ne pouvons pas même défi-rer d'être plus heureux qu'il n'appartient à l'homme. Mais il eft inféparable de notre effence de défirer de l'être autant qu'il nous foit poffible. Or dès que nous re-nonçons à la prétention infenfée de paffer les limites facrées de la poffibilité dans le bonheur auquel nous prétendons, nous fommes certains que pour nous affurer la jouiffance du plus haut dégré de félicité dont nous foyons fufcep-tibles, nous n'avons qu'à embraf-

fer les moyens qui y conduifent ;
car il y a des moyens certains pour
parvenir à toute chofe poffible ,
fans quoi elle ne ferait pas poffible , & l'hypothèfe impliquerait
contradiction.

CES MOYENS d'affurer notre
bonheur ; ces régles fouveraines
de notre conduite ; ces *loix* de
l'ordre naturel qui nous font connaître jufqu'où s'étend & où s'arrête l'ufage licite, profitable & rai-
fonnable de nos facultés, la jouiffance de notre *droit naturel*; ces
principes évidens de la conftitution la plus parfaite des fociétés ,
fe manifeftent d'eux-mêmes à
l'homme. Je ne veux pas dire feu-
lement à l'homme inftruit & ftu-
dieux; mais même à l'homme fim-

ple, fauvage, fortant des mains de la Nature, borné encore aux premiers jugemens qui réfultent de fes fenfations.

Nous avons examiné plus haut (*) quelle ferait la conduite *naturelle* d'une telle Peuplade d'hommes qui fe rencontreraient dans un défert. Il ne faut que fuivre ici les conféquences également *naturelles* de cette conduite pour voir que, dans la formation de la fociété & dans fes inftitutions fondamentales, les hommes font *naturellement* guidés par une connaiffance implicite de la *Phyfiocratie*, qui leur indique évidemment quels font leurs *devoirs*, en leur apprenant quels font leurs *droits*; qui mon-

––––––––––––––––––––––––

(*) Pages viij, ix, x; xv & xvj.

tre à chacun d'eux la néceffité de la foumiffion à *l'ordre* établi par l'Être Suprême , jointe au pouvoir de jouir des biens auxquels il nous eft permis de prétendre ; la *loi* du travail à côté du *droit* d'acquérir les chofes qui lui font utiles ou agréables ; le refpect pour la *propriété* d'autrui , attaché à la fûreté de la fienne & comme premier garant de fes poffeffions.

Nous avons vu que , dans l'état primitif, la liberté , la fûreté, la *propriété perfonnelle* , font naturellement reconnues de tous pour des droits *abfolus* appartenans à chaque homme , & dont la jouiffance eft d'une néceffité *abfolue* au bonheur, difons plus, à l'exiftence des hommes réunis. Toutes les inftitutions fociales découlent néceſſairement de cette premiere inſtitution naturelle , fondée ſur la loi impérieuſe qui oblige tout homme à employer ſa *perſonne*, ſes facultés, pour ſub‑venir à ſes propres beſoins.

Déja la poſſeſſion des choſes ac‑quiſes par le travail , la *propriété mobiliaire* , ſe trouve *eſſentielle‑ment* liée à la *propriété perſonnelle.* C'eſt principalement parce qu'on a tous les jours beſoin d'acquérir & de conſommer des biens mo‑biliers, qu'il eſt ſi néceſſaire d'avoir la liberté , la *propriété de ſa per‑ſonne.* C'eſt parce qu'on a, *de droit naturel,* la *propriété* de ſa perſonne, qu'on a le *droit* de réclamer con‑tre tout autre ce qu'on a acquis par le travail, par *l'emploi de ſa perſonne ;* de même, (pour me ſer‑

vir de l'expreſſion énergique de J. J. Rousseau) qu'on a *le droit de retirer ſon bras de la main d'un homme qui voudrait le retenir mal- gré nous.* On ne joüirait pas de ſoi-même, ſi l'on pouvait être privé par un autre homme de ce qu'on aurait acquis par *ſoi-même;* la paix ſi naturelle & ſi avanta- geuſe à tous ſerait rompüe. Nos hommes ſauvages qui en connaiſ- ſent tout le prix, qui en ſentent l'indiſpenſable néceſſité pour leur exiſtence & pour leur bonheur, ne ſont point d'humeur à la rompre. Le calcul ſimple d'un intérêt réci- proque & palpable, leur fait donc reſpecter la *propriété mobiliaire* d'autrui comme ſa perſonne; par- ce que chacun d'eux veut avoir la joüiſſance paiſible de ſes propriétés personnelles & mobiliaires.

Ceci eſt confirmé par l'expérience univerſelle. Chez les Nations les moins policées, perſonne ne s'empare ni de la cabane, ni des meubles, ni des armes, ni de la pâture de ſon voiſin. Ces hommes naturels portent même le reſpect pour la propriété d'autrui à un point de délicateſſe qui étonne les ames rétrecies de nos peuples corrompus(*),

---

(*) » Les Sauvages (de la Louiſiane) vont » chaſſer à trente ou quarante lieues de chez eux, » quelquefois plus loin. Quand ils ont tué un bœuf » ou quelque autre groſſe bête qu'ils ne peuvent » tranſporter à leur cabane, ils mettent l'animal » au pied d'un arbre ſur lequel ils pendent leur » carquois ; puis coupant ſeulement la langue » de leur proie, ils vont chercher leur famille » qui vient emporter la bête, ou la manger ſur » le lieu, ſi elle juge la peine du tranſport trop » conſidérable. Les autres Sauvages qui dans l'in- » tervale paſſent auprès du cadavre, voyent le

quoiqu'il paraisse tout simple à
ceux qui pésent l'extrême ascen-
dant que la justice par essence doit

» carquois au-dessus, & disent, *un de nos freres*
» *a passé par là*. Ils se garderaient bien de tou-
» cher à l'animal mort, ou d'en enlever le plus
» petit morceau. Le carquois les avertit que le
» Chasseur viendra tout reprendre.» *Mémoires sur*
l'état de l'Amérique Septentrionale.

» Les *Ostiakes* vivent dans toute la simplicité
» naturelle. Ils sont très hospitaliers, & leur pro-
» bité est extrême. Un voyageur, qui parcourait
» la Sibérie, perdit sa bourse à quelque distance
» de la maison d'un *Ostiake* chez lequel il avait
» couché. Quelques jours après le fils de l'*Ostiake*
» voit la bourse à terre, ne la ramasse pas, &
» va dire à son pere que quelqu'un a perdu une
» bourse qui paraît pleine d'or. Le Pere dit, *celui*
» *qui l'a perdue en sera sans doute bien fâché ; il*
» *viendra la rechercher où il l'a perdue , il ne faut*
» *pas l'en ôter. Mais afin qu'elle frappe moins*
» *la vue de ceux à qui elle n'appartient pas & qui*
» *ne la chercheront point , coupe quelques branches*
» *d'arbre pour la couvrir.* Le fils obéit. Au bout
» de plusieurs mois, l'étranger retournant de son
» voyage, croyant sa bourse bien perdue & ne la

avoir

avoir fur des hommes chez lefquels l'erreur & les préjugés n'ont
point encore affaibli fa voix.

Dans cet état d'affociation primitive & naturelle, les hommes
n'ont befoin ni d'autorité tutélaire & fouveraine, ni de Magif-
giftrats, ni de Loix pofitives. Ils
ne pourraient faire les frais de ces
établiffemens protecteurs de la
propriété ; car leur fubfiftance
étant, pour ainfi dire, cafuelle ;

» cherchant nullement, paffé par le même lieu &
» revient loger chez le bon *Oftiake.* Après le
» repas il caufe avec fon hôte, fe rappelle le
» tems où il a déjà logé chez lui, la veille du
» jour qu'il perdit fa bourfe.... *Ah! c'eft donc*
» *toi, mon frere,* interrompt l'Oftiake, *qui as*
» *perdu la bourfe! je fuis bien charmé que tu fois*
» *revenu. Elle eft encore à la même place; j'allais*
» *voir de tems en tems, fi le Propriétaire était venu*
» *la reprendre. Mon fils va te conduire à l'endroit.»*
Mélanges intéreffans & curieux, article de *Sibérie.*

c

& chacun d'eux étant obligé de s'occuper *journellement* à rechercher la sienne & celle de sa famille, ils n'ont ni richesses, ni hommes disponibles à consacrer au maintien de l'ordre public. Leurs biens d'ailleurs sont peu considérables, & peu dispersés; ils sont tous sous la garde immédiate & facile du possesseur. Le profit de l'usurpation la plus complette serait très-petit. Le danger en serait immense. Il n'est donc point surprenant que les devoirs réciproques soient religieusement remplis, & sans contrainte, & que l'habitude de les remplir éleve les hommes à un haut dégré de justice, de bienfaisance & de vertu. Il serait incompréhensible que cela fût autrement.

Cet état est heureux; il est certainement préférable à celui des hommes qui vivent dans une société mal constituée, & dont les *loix positives* contrarient les *Loix de l'ordre naturel*. Mais par sa nature il n'est pas durable, & même il est loin encore du meilleur état possible de l'humanité.

A moins que des circonstances particulieres ne retardent les progrès naturels de ses connaissances, l'homme s'apperçoit bientôt que les productions spontanées de la terre ne suffisent pas à toutes les jouissances dont il est susceptible, & qu'elles sont en trop petite quantité pour lui fournir les moyens d'élever une postérité nombreuse. Il cherche donc à multiplier celles qui lui ont paru les plus propres

à fa confommation. Il devient
agriculteur; il défriche, il laboure,
il plante, il feme ; les productions
naiffent autour de fa cabane &
deviennent plus abondantes de
jour en jour ; fes richeffes augmentent ; fa famille s'accroît. Dès-
lors il n'y a plus moyen de s'arrêter ; l'état de fimple affociation ne
convient plus aux hommes; il faut
inftituer des fociétés régulieres ;
il faut former des Corps politiques. Le premier grain de bled,
confié à la terre, devient le germe
affuré des Empires; ils en réfultent auffi *néceffairement* que les
épis que ce grain de bled fait
éclorre.

La terre était habitée par des
hommes que la nature, la juftice,
& l'intérêt, évidemment commun,

rendaient *propriétaires* de leur *per-*
sonne, & des *richesses mobiliaires*
acquises par le travail de leur personne. Dès que ces *propriétaires*
ont fait usage de leurs *propriétés*,
personnelle & mobiliaire, pour
cultiver quelques portions de cette
terre, auparavant vague & de nul
produit, ils deviennent *de droit*
naturel, propriétaires *fonciers* des
champs qu'ils ont défrichés & *mis*
en valeur; puisque cette *valeur*, que
la terre a acquise par la culture,
est le fruit de l'emploi de leur travail, de leur intelligence, de leur
force, de leur *personne*, & de la
dépense de richesses qui leur ap-
partenaient *en propre*. Leur enlever la possession de ce champ, serait leur ravir les richesses mobiliaires, & le travail personnel qu'ils

ont confacrés à fon exploitation, aux opérations préparatoires de fon exploitation ; ce ferait violer leurs *propriétés* reconnues, & nos Sauvages confédérés conçoivent évidemment l'injuftice & *le danger* d'un pareil attentat. Ils fentent l'utilité de la culture ; ils voyent que perfonne n'en voudrait faire les frais s'il était expofé à les perdre. Ils feront donc frappés de la néceffité évidente de refpecter mutuellement leurs *propriétés foncieres* à mefure qu'elles s'établiront par les dépenfes & le travail, ou par les contrats licites.

Mais la culture & la *propriété fonciere* n'ont pour but que la *propriété des fruits* que la culture fait naître. Tout ferait perdu fi cette *propriété des fruits* n'était pas affurée comme celle du fonds, comme celle même que chaque individu a fur fa propre *perfonne.*

Ici commencent les difficultés. Depuis l'établiſſement de la culture, les richeſſes font plus confidérables; elles font répandues dans les champs; elles paſſent les nuits fur la terre; & l'augmentation des fubfiſtances rend de jour en jour les hommes plus nombreux, & par conféquent moins unis. Le danger de l'ufurpation ferait moindre que dans le premier état de l'humanité, le profit en ferait plus grand, l'occafion en eſt perpétuelle.

Il faut *de toute néceſſité* faire une inſtitution qui aſſure *l'obfervance* des loix de l'ordre focial, & qui rende les attentats fur la propriété d'autrui auffi difficiles que dans le fimple état d'affociation primiti-ve, auffi contraires à l'intérêt mê-me de ceux qui oferaient s'y li-vrer. Les propriétaires ne peuvent, après avoir travaillé le jour, veiller encore la nuit pour défendre leurs champs ; il faut établir une auto-rité publique, tutélaire & fouve-raine, qui, femblable en quelque façon à celle du Créateur du monde, foit préfente par-tout & en tout tems, afin de veiller pour tous, afin de garantir & de dé-fendre toutes les propriétés, afin de repouffer toutes les ufurpations. Voilà ce que fentiront, malgré eux, nos Sauvages devenus culti-vateurs. Ils fe hâteront d'élever au milieu d'eux cette autorité pro-tectrice & bienfaifante. Ils armeront fes dépofitaires de tout le pouvoir néceffaire pour remplir leurs importantes fonctions , & pour triompher de toutes les oppofitions injuftes que pourrait rencontrer leur miniftere de paix & de profpérité. Ils pourvoiront à toutes les dépenfes inféparables de l'exercice d'un miniftere fi indifpenfable. La culture lui a donné la naiffance, la culture en fera les frais. Une partie de ce qu'elle produit, au-delà des dépenfes néceffaires pour la perpétuer, fera confacrée à l'entretien de la force publique ; & cette force, qui affurera la propriété, encouragera , par là même, à la recherche & à l'emploi de tous les moyens qui peuvent accroître les produits de la propriété. Ce produit des avances bien employées facilitera, ame-

nera néceffairement la formation
& l'emploi de nouvelles avances
encore plus productives. Les richeffes multiplieront rapidement
à l'ombre de la *propriété*. Le commerce ou les échanges, plus néceffaires & plus fréquemment ufités ,
feront *libres* de droit & de fait
entre des *propriétaires* , entre des
hommes également *libres* de dif-
pofer comme il leur plaît *de ce qui*
leur appartient. L'induftrie humaine fera excitée par les plus
puiffans motifs, par la certitude
de profiter du fruit de fes peines.
Les Arts naîtront. Les jouiffances
deviendront plus fûres , plus variées , plus étendues : les hommes
beaucoup plus nombreux & plus
heureux.

Tout cela fe fera tout feul, &
réfultera *néceffairement* de l'éta-

bliſſément de l'autorité conferva-
trice des *propriétés*, comme l'inſtitution de cette autorité même réſulte *néceſſairement* de l'établiſſement de la culture. C'eſt pour
étendre la jouiſſance de leur *droit
naturel* que les hommes ſont devenus cultivateurs; c'eſt *l'ordre naturel*, qui les a conſtitué *propriétaires*, d'abord de leur perſonne,
puis de leurs richeſſes mobiliaires,
enfin des terres miſes en valeur
par le concours & l'emploi de ces
propriétés primitives; ce ſont les
loix naturelles qui les obligent à
ſe ſervir des moyens néceſſaires
pour conſerver leurs *propriétés*,
& qui les ont conduit à ſe mettre
réciproquement ſous la protection
les uns des autres, ſous celle d'une
autorité tutélaire, miniſtre ſacré

de l'intérêt *public*, dépositaire de la force *publique*, pour garantir envers & contre tous la seule chose dont la conservation importe au *public* & à tous les particuliers également, LA PROPRIÉTÉ. Il est impossible que dans ce commencement de société réguliere le but & les causes de sa formation ne soient pas très-évidens pour tous les membres de l'État & pour l'autorité qui le gouverne. C'est à une notion, implicite il est vrai, mais universelle de la *Physiocratie*, que cette autorité doit son existence; il est impossible qu'elle ne gouverne pas *physiocratiquement*, & que la société ne ressente pas tous les bons effets d'un Gouvernement si conforme *à la nature* des choses & à celle de l'homme.

Toutes les Nations agricoles ont dans leur origine paſſé par cette heureuſe époque. Les Chinois ſeuls en ont ſu prolonger la durée, mais nous en trouvons des traces évidentes chez les Chaldéens, chez les Aſſyriens, chez les Medes, chez les premiers Perſes, chez les anciens Egyptiens (*). Et ſi nous pouvions fouiller dans les annales des autres Peuples, nous verrions qu'en paraiſſant ici développer une hypothèſe, nous faiſons l'hiſtoire univerſelle du commencement des Empires.

____

(*) Voyez le ſavant Traité de *Barnabé* Brisson, *de Imperio veterum Perſarum.* Voyez auſſi celui de *Thomas* Hyde, intitulé : *Veterum Perſarum, & Parthorum, & Medorum, religionis hiſtoria.* Voyez encore le premier volume de *l'hiſtoire du ciel,* par *M. l'Abbé* Pluche.

MAIS, dira-t-on, comment eſt-il donc arrivé qu'ils ſe ſoient preſque tous ſi prodigieuſement écartés de l'état de félicité dont ils jouiſſaient dans ces tems antiques & heureux ? Comment la *propriété*, ſi précieuſe, ſi néceſſaire au genre humain, ſi évidemment établie par *l'ordre naturel*, a-t-elle été diminuée, reſtrainte, violée, & preſque annullée de toutes parts? Comment a-t-on pû venir au point d'oublier les loix eſſentielles de *l'ordre phyſique*, & celles de *l'ordre ſocial*, de méconnaître la ſource des richeſſes & les *droits* de ceux qui les font naître ? Comment l'oppreſſion, les prohibitions, les repréſailles, les jalouſies, les diſcordes, les haines, les guerres, les uſurpations ont-elles pû s'in-

troduire dans les sociétés; y obscur-
cir l'évidence de l'intérêt commun; & substituer aux *loix naturelles*, immuables, saintes, &
peu nombreuses de *l'ordre social*,
les volontés ou plutôt les caprices
arbitraires & mobiles de l'autorité,
soit monocratique, soit aristocratique, soit démocratique?

Je ne puis disconvenir que ce
ne soient là des questions qui se présentent naturellement ; tristes ,
mais bien intéressantes questions
pour le genre humain ! Je vais
essayer d'en indiquer la solution ;
on y trouvera celle de beaucoup de
difficultés philosophiques & les plus
fortes preuves de la nécessité in-
dispensable du Livre que je publie
aujourd'hui, & de ceux qui ont
été, qui feront composés sur la
même matiere.

Nous avons vu que les hommes en fe multipliant deviennent
moins unis. C'eft un effet naturel ;
ils fe connaiffent moins les uns
les autres. Il eft certain que l'habitude de fe voir fréquemment ,
qui occafionne encore celle de fe
rendre fréquemment quelques
bons offices, ajoute un attrait naturel à la notion du devoir qui
nous fait refpecter le droit d'autrui. La plus forte partie de cet
attrait eft perdue pour des hommes, qui, vivant chacun de leur
côté dans une fociété fort nombreufe , ne fe font jamais ni vus
ni connus. A mefure que la population fait des progrès , il exifte
donc un obftacle naturel de moins
au defir que quelques-uns des
hommes pourraient conferver d'u-
surper

furper fur la propriété d'autrui.
Une autre caufe, également naturelle & inévitable, vient en même tems ouvrir la porte à ce défir
défordonné. Les hommes ne multiplient qu'en raifon des richeffes
néceffaires pour leur fubfiftance ;
& c'eft ce qui fait que l'établiffement de la culture, qui eft l'unique fource des richeffes des Empires, occafionne un accroiffement
rapide dans la population. Mais
l'accroiffement des richeffes de la
fociété amene *néceffairement* avec
lui l'accroiffement de l'inégalité
des fortunes : inégalité naturelle,
qui, dans l'état même d'affociation
primitive, exifte en raifon de la
diverfité des facultés des individus ; que l'acquifition des *propriétés
foncieres* étend, par la même rai-

fon ; & qui s'augmente encore par le ~~partage~~ naturel & légitime des fucceffions, qui, tantôt divife le patrimoine d'une feule famille entre un grand nombre d'héritiers , & tantôt réunit fur un feul héritier les richeffes de plufieurs familles. La différence des riches & des pauvres devient donc de jour en jour plus marquée. Il eft vrai que le riche eft forcé, pour faire ufage de fes richeffes, de payer au travail des pauvres des falaires qui fubviennent à leurs principaux befoins; & même, dans une fociété cultivatrice *bien conftituée*, d'une maniere plus abondante & plus variée que dans l'état primitif où la recherche feule pourvoyait aux néceffités les plus preffantes de l'efpece humaine. Mais il n'en eft pas

moins vrai que ce riche dont la dépense folde le travail des autres
hommes & l'applique, comme il
lui plaît, à accroître son aisance
& à satisfaire ses fantaisies, se procure par-là des jouissances infiniment plus multipliées, plus recherchées, plus éblouissantes que
celles auxquelles les pauvres peuvent atteindre, & qui par conséquent doivent *paraître* ajouter
beaucoup à la félicité de l'homme,
à qui ses richesses donnent le pri-
vilege exclusif de les acquérir. Or
cette frappante inégalité de jouissances qui laisse entrevoir à chaque
individu la possibilité d'accroître
de plus en plus les siennes, en ac-
croissant ses richesses, ne peut
manquer d'éveiller vivement la cupidité dans toutes les classes de Citoyens.

Ce n'eſt pas que cette cupidité ſoit un mal en elle-même. Chez un Peuple éclairé elle ne produirait aucuns mauvais effets. Les lumieres de la Nation & la vigilance de l'autorité tutélaire mettraient la *propriété* hors de toute eſpece d'atteintes, même les plus indirectes. Et l'inſtruction publique, apprendrait, dès l'enfance, au dernier Citoyen le danger extrême de toute manœuvre tendante à nuire à la propriété des autres; elle lui prouverait par arithmétique qu'il n'y a point de véritable profit à empiéter ſur les droits de ſes ſemblables, & il s'en ſouviendrait toute ſa vie comme de la maniere de compter ſon argent. Alors la cupidité même ne ſerait plus qu'un reſſort naturel & utile pour porter les Citoyens à mettre toute l'activité & toute l'intelligence possible dans leur travail, & elle concourrait évidemment à la multiplication des richesses & à l'avantage de la société. Mais chez une Nation ignorante la cupidité réciproque est très-redoutable ; le desir de s'enrichir aux dépens d'autrui germe sourdement dans les ames avides, & y devient bientôt une passion dominante, qui introduit enfin dans la société une multitude de prétentions contraires & d'expédiens opposés, continuellement tendans à détruire l'ordre social.

Cette passion méprisable fut néanmoins obligée de commencer par se couvrir d'un voile pour assurer ses succès; car l'autorité tutélaire, uniquement établie pour réprimer cette paffion effrénée , repouffait avec force, puniffait avec févérité toute infraction vifible du droit de *propriété*. On ne pouvait triompher de fon pouvoir fupérieur à tout autre. On tenta de tromper fa vigilance & de féduire jufqu'à fon zele. Il n'y avait nul moyen de voler par la force ; les hommes, que l'avidité corrompait , prirent le parti d'employer la rufe, & de colorer du prétexte du bien public leurs entreprifes injuftes, également nuifibles à la fociété & à l'intérêt de l'autorité fouveraine. On n'avait cependant pas encore perdu la notion naturelle des *droits* & des *devoirs* réciproques des hommes; mais cette notion primitive n'en donnait qu'une connaiffance implicite, très-évidente, il est vrai, quant au fonds de ces droits & de ces devoirs, très-vague & très-confuse, quant à la multitude de leurs conséquences. Nulle science explicite & formelle n'en développait toute l'étendue. Nulle évidence n'en marquait les limites, & si l'on peut ainsi parler, n'en traçait les ramifications à travers l'infinité de relations nouvelles que les institutions civiles, l'accroissement des richesses, le partage des fortunes, l'invention des Arts, la variété des jouissances, mettaient entre les Citoyens. Les Propriétaires & l'administration n'étaient en garde que contre les attaques directes auxquelles la *propriété* pouvait être exposée. Personne ne se doutait qu'il y eût

des moyens de s'emparer des richeffes d'autrui fans paraître avoir
deffein d'y prétendre, excepté les
fcélérats qui employerent ces
moyens honteux.

Au milieu de cette obfcurité,
toute furprife ménagée avec adreffe
fut certaine de réuffir. Malgré ce
que nous avons perdu, il nous
refte encore affez de monumens
hiftoriques pour nous indiquer la
marche, à-peu-près uniforme, que
prirent chez prefque toutes les Nations, les manœuvres des hommes
artificieux & perfides, déterminés
à s'enrichir aux dépens du droit de
propriété de leurs Concitoyens.

Cette marche fut conduite avec
beaucoup d'art. On fe borna d'a-
bord à avancer, à infinuer, à répandre un principe très-propre à

féduire ; c'eſt que *l'intérêt public
doit l'emporter ſur l'intérêt particulier*. Dans ce principe vague, on eut
ſoin de n'oppoſer que *l'intérêt particulier*, qui peut être pris en bonne
ou en mauvaiſe part, comme juſte
ou comme injuſte, (& qui, dans
ce dernier ſens , n'eſt même pas
véritablement l'intérêt particulier)
à *l'intérêt public*, dont la réclama-
tion ſemble ne préſenter que des
intentions louables. On n'aurait
encore oſé dire que *l'intérêt public fût préférable à la confervation des droits des particuliers ;* car
les particuliers & les dépoſitaires
de l'autorité ſavaient également
que chacun devait jouir de *ſes
droits* , & que la ſociété n'avait
été inſtituée que pour aſſurer à
chacun cette jouiſſance, ſeule baſe

d'un Gouvernement ſtable & heureux pour les Princes & pour les
Peuples. Or il fallait, aux vûes in-
ſidieuſes des mauvais Citoyens ,
une maxime générale qui parût
avoir le bien commun pour objet ,
mais qui ne préſentât néanmoins
qu'un ſens confus & indéterminé :
une maxime que l'on pût étendre
ou reſſerrer ſelon l'occaſion ; que
l'on pût tantôt faire adopter aux
Nations même , en chargeant d'in-
culpations des intérêts particuliers
qui paraiſſent contraires à l'intérêt public , & tantôt appuyer auprès des Souverains de ce conſentement donné dans un ſens
limité , pour juſtifier la même maxime priſe dans un ſens forcé &
général , & étendue juſqu'au ſa-
crifice de l'intérêt des particuliers

paifibles qui ne demandent qu'à jouir licitement de leurs *propriétés.*

Cette maxime équivoque qui paraiffait étendre l'autorité & les droits du Souverain, & confier la conftitution effentielle de la fociété aux lumieres & aux décrets du Gouvernement, fut adoptée; & fuggera un fyftême de politique qui affujettit confufément tous les droits de la fociété, & ceux de l'autorité, à une légiflation humaine, arbitraire & abfolue, auffi préjudiciable à la Nation & au Souverain, que favorable à la féduction & à l'avidité des hommes injuftes & artificieux. Bientôt l'exemple de leurs fuccès devint contagieux, il étendit, il perpétua cette ténébreufe politique qui égarait le Gouvernement. Celui-ci crut toujours augmenter fon autorité & fa puiffance, en rendant l'adminiſtration de plus en plus arbitraire & illimitée. On l'empêcha de voir qu'il ne faiſait par là que porter la confuſion, le déſordre & la dévaſtation ſur tout ſon territoire.

Plus la politique du Gouvernement s'occupe du prétexte de l'intérêt général pour élever l'autorité au-deſſus des loix conſtitutives de l'ordre ſocial, & plus elle s'écarte de cet ordre divin, qui eſt celui de la Juſtice par eſſence; plus elle défunit ainſi les intérêts des Souverains & des Sujets, plus elle rompt les liens de la ſociété, & plus les intérêts particuliers excluſifs agiſſent de concert, acquierent de crédit & de force, s'ouvrent de toutes parts par la ſur-priſe & par la violence des routes déſaſtreuſes, & étendent progreſ-

fivément la déprédation des richeffes de la Nation *& de l'État.*
Car les revenus publics partici-
pent toujours inévitablement &
néceffairement à la diminution des
revenus particuliers.

Pour diffimuler aux Souverains
la véritable caufe de leur appau-
vriffement, on les excita à des
augmentations de dépenfes fuper-
flues. On fit bâtir des pyramides
aux Rois d'Egypte, des tours énor-
mes, avec des jardins & des eaux
fur leurs voûtes, aux Rois de Perfe
& d'Affyrie. On les engagea tous,
pour des objets frivoles, dans des
guerres avec leurs voifins. Ils ne
purent fubvenir à ces dépenfes
extraordinaires avec des revenus
affaiblis. On leur rappella alors la
grande maxime plus développée,

DISCOURS

que *l'intérêt public devait l'empor-*
ter fur les droits des particuliers.
On leur dit que *l'intérêt public* ré-
fidait en leur feule perfonne, &
que les biens & la vie des hommes
foumis à leur empire, formaient le
patrimoine de la Souveraineté. Et
malheureufement, pour eux-mêmes, on le leur perfuada.

Dès-lors *les intérêts particuliers
exclufifs* devinrent de plus en plus
entreprenans & défaftreux. La ra-
pacité n'eut plus de bornes; elle
négligea même la vraifemblance
des prétextes; elle oublia jufqu'à la
honte, elle méconnut jufqu'aux
remords, mânes terribles & ven-
geurs de la probité étouffée. L'A-
griculture, fource unique de la
fubfiftance & de la population,
ne put plus fe foutenir; la richeffe

& la puiſſance des Souverains diſ-
parurent. On avait abuſé de leur
nom pour répandre le déſordre au-
dedans & au-dehors de leurs États
opprimés : ils furent les victimes
de ce déſordre même. Les Empires tomberent rapidement ſous les
coups les uns des autres ; & tous
enfin furent envahis par de petits
Peuples à demi barbares, qu'avaient
implacablement irrité les entrepriſes iniques & inſolentes des grands
États, ſoi-diſans policés.

Les Grecs, la plus célebre de
ces petites Nations qui triom-
pherent des anciens Empires, eu-
rent des Beaux-Arts, des Peintres,
des Statuaires, des Poëtes, des
Orateurs, & même des Philoſophes. Mais la Grece, formée, conſtituée & confédérée au milieu des

orages fufcités par les grands Peuples afiatiques , avait perdu la trace des loix effentielles de l'ordre focial. Des guerres , injuftes & cruelles , avaient enfanté l'efclavage plus injufte & plus cruel encore. La premiere notion des droits imprefcriptibles de l'homme était oubliée. Comment aurait-on pû faifir & développer l'enfemble de ces droits ? Auffi les efforts réunis des plus fublimes efprits qui ayent peut-être jamais exifté , des Solons, des Socrates , des Xénophons, des Platons, &c. fe réduifirent-ils à découvrir, à fuivre, à mettre au grand jour quelques branches éparfes de la vérité, dont ils n'avaient pû embraffer le tronc; & ces grands hommes furent, par là même, beaucoup moins utiles au genre humain,

humain, que l'on n'aurait dû l'es-
pérer de leur étonnant génie.

L'ordre naturel & *ses loix* relatives à la société ne se mani-
festent au premier aspect & dans
toute leur évidence, qu'aux Peuples
dont la société se forme paisible-
ment par une conséquence de *l'ordre physique* même, par l'établissement de la culture, par la nécessité
d'assurer à chacun la jouissance de
sa *propriété*, & de rendre ainsi les
propriétés plus fructueuses pour
tous. Mais les sociétés constituées
à la hâte, pour repousser les incur-
sions de voisins inquiets chez lesquels le Gouvernement commen-
çait à se corrompre, sont égarées
dès le premier pas. Elles ne pen-
sent qu'à assurer la défense du moment. Occupées à repousser la

force par la force ; obligées fouvent à fe foumettre à des conditions in-juftes par des traités auxquels l'im-puiffance les contraint ; animées à s'en venger par des repréfailles à la premiere occafion ; elles s'ac-coutument à ne rien décider par le *droit*, à n'admettre de Loi fu-prême que celle de la *force*, & à y recourir avec tranfport en toute occafion, fans fonger même à s'é-lever jufqu'à la connaiffance des caufes qui produifent la force & des conditions effentielles qui l'entre-tiennent. De-là les défiances, les divifions, les ufurpations entre les différens ordres de la Nation ; les guerres fréquentes, & les paix infi-dieufes avec l'étranger ; les révolu-tions, les viciffitudes, l'inftabilité perpétuelle du Gouvernement ; la multitude d'événemens variés, alternativement ridicules & barbares, que le vulgaire des Lecteurs regarde comme les grands traits de l'hiſtoire ; la continuité de déſordres & de miſeres enfin, qui ont preſque ſans ceſſe affligé les Grecs, & les Romains, & les Nations qui s'éleverent ſur leurs débris.

C'eſt ainſi que (malgré la notion implicite, évidente & irréſiſtible de la *Phyſiocratie*, qui avait préſidé à la formation de la ſociété chez les Peuples les premiers civiliſés,) le défaut d'établiſſemens ſolides, & d'inſtitutions lumineuſes, qui perpétuaſſent, qui développaſſent ces premieres notions du *droit naturel*, de *l'ordre naturel*, & des *loix naturelles*, rendit arbitraire & déſordonné le deſpotiſme des Souverains, qui préparerent leur propre ruine en employant à attaquer les *propriétés* de leurs Sujets & de leurs voisins, les forces qui leur avaient été confiées pour entretenir la paix au-dedans & au-dehors. C'est ainsi que les attaques de ces Souverains, involontairement devenus injustes & déprédateurs, forcerent les Peuplades, voisines de leur territoire, à se réunir précipitamment en Républiques guerrieres, & par conséquent contre nature. C'est ainsi que l'alliage de ces deux especes de sociétés ignorantes, combiné depuis de cent façons diverses, n'a jamais pu constituer une société réguliere & éclairée sur ses véritables intérêts ; & que le régne des Souverains les plus habiles & les plus vertueux n'a pu offrir à la malheureuſe humanité qu'un repos paſſager & peu profitable, ſemblable à celui que des matelots, après un naufrage, trouvent ſur des pointes de rochers que la mer découvre en deſcendant, mais qui, quelques heures après, vont être englouties de nouveau dans ſes ondes.

La ſageſſe même des hommes ſupérieurs, dénuée de la connaiſſance des conditions eſſentielles de l'ordre ſocial, n'a pu éviter d'être fréquemment égarée par de fauſſes apparences, & ſéduite par des prétextes ſpécieux. Les inſtitutions les plus néceſſaires, les découvertes les plus ingénieuſes, & qui auraient dû être les plus utiles, ſe font empoiſonnées par le venin de la cupidité ignorante.

La division naturelle de la société en diverses claſſes de Citoyens, relatives à la différence des états & des profeſſions, n'a ſervi, dans cette obſcurité profonde, qu'à former des confédérations particulieres, tumultueuſes au-dedans, réunies au-dehors, acharnées les unes contre les autres, & toutes contre la conſervation & l'uſage du *droit naturel* de l'homme. On voit par les annales de tous les Peuples plus ou moins barbares, formés par le mêlange du reſte malheureux des Empires renverſés avec leurs féroces deſtructeurs, que tous les particuliers qui ont pu ſe réunir, s'aſſocier & former un corps, ont établi entre eux, envers & contre tous, une communauté de forces & de ruſes, non pas pour s'aſſurer la jouiſſance de leurs droits, mais pour uſurper ſur ceux d'autrui. Toutes ces ligues ſe ſont mutuellement combattues avec fureur ; toutes ont employé leur adreſſe pour ſéduire l'autorité Souveraine & l'entraîner dans leur parti ; & toutes y ont réuſſi alternativement, au grand déſavantage de la ſociété & des Souverains.

Les Arts mêmes, & les Sciences qui renferment les principes des Arts ; ces chefs-d'œuvres de l'eſprit humain qui ſervent à varier nos jouiſſances, qui offrent aux hommes pauvres une maniere de gagner ſalaire, plus laborieuſe, il eſt vrai, mais moins dépendante que la domeſticité, qui devraient ainſi contribuer ſi efficacement au bonheur de notre eſpece, contribuent au contraire dans les sociétés, où l'on néglige l'observation de *l'ordre naturel*, à entretenir les divisions intestines & à les rendre plus redoutables. Les commodités qu'ils procurent aux riches redoublent la cupidité que l'inégalité des fortunes introduit dans la société. Or dans les mauvais Gouvernemens où la *propriété* n'est pas suffisamment assurée, cette cupidité nourrie par l'animosité des différens corps, aiguisée par l'éclat des jouissances recherchées que les Arts menent à leur suite, conduit inévitablement aux usurpations furtives dont nous avons parlé plus haut; & l'habitude d'employer le langage des Sciences, les ressources d'une éloquence étudiée, facilitent les moyens d'étayer ces usurpations par des fophifmes & de leur prêter un coloris féducteur. De forte que dans ces fociétés mal conftituées, où l'on méconnaît l'évidence des *loix de l'ordre focial*, les Lettres, les Arts & les Sciences concourent encore à rendre la *propriété* moins certaine & plus facile à violer artificieufement.

Voilà l'état de guerre ; ce n'eft pas, comme le penferent *Hobbes* & fes fectateurs, celui des hommes vivans dans la fimplicité naturelle ; c'eft celui des hommes en fociété défordonnée ; c'eft celui où la *propriété* incertaine eft fans ceffe expofée à des violations clandeftines, exercées fous les aufpices d'une légiflation arbitraire. Encore dans cette guerre défaftreufe & continuelle, c'eft le très-petit nom-

bre des riches qui a le privilége
exclufif de tenter à l'ombre des facultés & du crédit, & de foutenir
par des féductions de toute efpece
les lézions indirectes de la *propriété* du très-grand nombre des
pauvres. Et de-là vient que ces lézions, dont le dommage retombe
à la fin fur ceux même qui l'ont
caufé, réduifent prefque la totalité des Nations à un dégré d'op-
preffion, de mifere, de privation
& d'infortune, qui, à tout prendre, rend le fort des hommes réunis ainfi en fociétés imparfaites &
femi-policées, quoique fous les
apparences d'une police recher-
chée & vigilante, incomparable-
ment moins heureux que celui
dont jouiffaient les anciennes Peuplades de Chaffeurs & de Pâtres

dans l'état d'affociation primitive, où les hommes ne favaient que chercher leur fubfiftance, connaître le jufte & l'injufte, & obéir aux *loix de l'ordre naturel.*

L'Auteur des Ouvrages, dont je publie aujourd'hui le Recueil, a non-feulement fenti cette vérité qui avait déja frappé quelques hommes de génie ; mais il a fenti de plus qu'eux qu'il fallait bien fe garder de conclure du fait paffé au fait poffible. Il a vu que l'oubli des *loix de la Juftice par effence* n'était jamais né que de l'ignorance égarée par la féduction des intérêts particuliers exclufifs & mal-entendus. Il a vu que l'homme n'avait qu'à rentrer en lui-même pour y retrouver la notion ineffaçable de ces *loix*, & qu'à s'attacher à l'étude de *l'ordre physique* pour en reconnaître tous les préceptes, la base & la sanction. Il a vu qu'on ne pourrait résister à l'évidence & à l'autorité de ces loix souveraines quand elles seraient suffisamment connues & manifestées. Et cette observation, confirmée par l'expérience, lui a dévoilé la possibilité d'étendre les lumieres des hommes réunis en société au point que l'évidence & *l'universalité* de ces lumieres proscrivissent toute espece d'atteinte à la *propriété*, comme elles proscrivent aujourd'hui le sacrifice des enfans premiers nés, l'esclavage des prisonniers de guerre, les jugemens par le combat, par la croix, par l'eau bouillante, & mille autres coutumes abſurdes & cruelles auxquelles l'ignorance avait jadis ſoumis les hommes en différens tems & en différens lieux. Il a vu que dès l'inſtant où l'homme en ſociété ſerait parfaitement aſſuré de l'entiere & imperturbable jouiſſance de tous ſes droits de *propriété* perſonnelle, mobiliaire & fonciere, il ferait un uſage complet de ſon *droit naturel*, & qu'il ſerait auſſi heureux qu'il lui ſoit *poſſible* de l'être. Il a vu que la culture dirigée & exécutée le mieux *poſſible* par des hommes entierement libres de l'emploi de leur perſonne & de leurs richeſſes, & ſûrs d'en recueillir le fruit, multiplierait les ſubſiſtances le plus qu'il ſerait *poſſible*. Il a vu que la plus grande multiplication *poſſible* des ſubſiſtances étendrait le bonheur de vivre, & de jouir de tous les bienfaits de la nature, fur le plus grand nombre *poſſible* d'individus, leſquels joindraient tous aux mêmes jouiſſances que préſente l'aſſociation primitive un grand nombre d'autres jouiſſances qu'une ſociété ſagement policée peut ſeule procurer; ce qui conſtituerait de toutes manieres, & à tous les égards, le meilleur état *poſſible* de notre eſpece. Parcourant ainſi avec méthode les *loix phyſiques* par leſquelles *l'ordre naturel* détermine l'uſage & l'étendue du *droit naturel ;* celles de la naiſſance, de la diſtribution & de la réproduction des ſubſiſtances ; celles qui établiſſent les droits ſur les devoirs, & les devoirs ſur les droits ; toutes celles enfin qui affurent l'exiftence, le bonheur & la multiplication du genre humain; il a reconnu que l'enfemble & les détails de ces loix fouveraines forment l'objet d'une Science phyfique, très-noble, très-claire & très-étendue. Et d'une main, guidée par l'évidence, il eft parvenu à faifir, à développer, à démontrer, à tracer, à peindre les vérités meres & fondamentales de cette Science, laquelle par fon principe, par fon but, par les effets qu'elle doit néceffairement produire, eft inconteftablement la plus importantes de toutes les Sciences exactes qui ont jufqu'à préfent occupé le génie de l'homme.

Suprêmes Adminiftrateurs des Peuples, images du Souverain des êtres, cette Science fublime eft faite pour vous. Vous y reconnaîtrez la source de vos droits, la bafe & l'étendue de votre autorité, qui n'a & ne peut avoir de bornes que celles impofées par Dieu même. Vous y apprendrez à partager , pour ainfi dire, avec lui la douce prérogative de rendre les mortels heureux, en promulguant , en faifant exécuter les loix qu'il a prefcrites à la fociété & fur lefquelles il a imprimé le fceau de l'évidence, feul cachet digne du Très-Haut. Vous y découvrirez la chaîne indiffoluble avec laquelle il a lié votre puiffance & votre richeffe à *l'obfervance* de ces loix de *l'ordre focial,* à la confervation du droit de *proprieté* des Sujets confiés à votre empire. Vous y verrez combien eft fimple & facile l'exercice de vos fonctions

fonctions sacrées, qui confistent principalement à ne pas empêcher le bien qui fe fait tout feul, & à punir, par le miniftere des Magiftrats, le petit nombre de gens qui attentent à la *propriété* d'autrui.

Organes & Dépofitaires des Loix, Magiftrats refpectables, elle eft faite pour vous cette Science. Vous ne fauriez fans crime vous difpenfer de la poffeder à fond. Vous avez à décider de la fortune, de la vie, de l'honneur de vos Concitoyens. Si l'on pouvait croire que vous en décidaffiez arbitrairement, la fainteté de votre miniftere, la vénération dont il eft digne, feraient perdues. Il faut que vous jugiez d'après des régles pofitives que vous n'ayez

f

pas faites & que vous ne puiffiez jamais changer vous-mêmes. C'eft ainfi que dans les cas particuliers votre intégrité refpectée fe trouve au-deffus même du foupçon. Mais vous rendriez compte à celui qui fit la Juftice, fi vous vous enga-giez imprudemment à régler vos décifions par des Ordonnances contraires à l'équité, & attentatoi-res aux droits de l'homme. Avant de juger vos freres, vous êtes donc ftrictement & religieufement obligés de juger les Loix; & vous le faites. Les Ordonnances, évi-demment abfurdes, évidemment injuftes, font comme non-avenues pour vous. Nul de vous n'oferait envoyer un Citoyen à la mort pour crime de forcellerie. Nul de vous n'oferait condamner un Laboureur à l'amende pour avoir donné du vin à ses domestiques, & ceux-ci à la prison pour l'avoir bu hors des quatre grandes fêtes de l'année (*). La voix de la raison & celle de l'équité ont suffi pour faire tomber en désuetude les Loix positives qui vous prescrivaient de juger ainsi, & que vos prédécesseurs avaient été assez peu éclairés pour admettre. Vous concevez sans doute la nécessité de ne pas vous exposer vis-à-vis de vos successeurs à des reproches semblables à ceux que votre vertu a faits à cet égard à vos devanciers. Vous comprenez d'ailleurs que la désuetude est un

---

(*) Deux Ordonnances commandent aux Magistrats de tenir cette conduite à l'égard des Laboureurs. Elles ont été enregistrées l'une le 4 Février 1567, l'autre le 21 Novembre 1577; & n'ont pas été révoquées depuis.

remede illégal & tardif aux mauvaises Loix. Malheur aux Magistrats indignes qui croiraient pouvoir décharger leur conscience sur l'espoir de ce remede honteux & lent, dont l'application paraîtra toujours arbitraire au Peuple mal instruit, & compromettra par conséquent toujours l'honneur de la Magistrature. C'est dans l'instant même où une erreur, certainement involontaire, puisqu'elle est contraire à son propre intérêt, arrache au Souverain une Ordonnance évidemment injuste, qu'un devoir impérieux vous prescrit de lui faire remarquer en quoi cette Ordonnance s'écarte des loix divines de l'ordre naturel, & l'impuissance où vous êtes de participer innocemment à son exécution. Comment rempliriez-vous cette fonction indifpenfable & fainte, fi vous ignoriez quelles font les Loix de l'ordre que Dieu a établi pour fervir de régles à la fociété ? La fcience de ces Loix eft donc effentielle à votre miniftere. Si elle était malheureufement bannie du refte du globe, ce ferait chez vous qu'elle devrait fe refugier. Par elle feule vous pouvez affurer la foumiffion & le refpect des Peuples aux Loix que promulgue le Souverain. Par elle feule vous pouvez tranquillifer le Souverain même en lui garantiffant la fageffe & l'utilité de fes Ordonnances. Quand on vous voit promettre de juger d'après elles, tout le monde préfume que vous avez fait l'examen que cette promeſſe ſuppoſe : & tout le monde préſume auſſi que vous vous ſentez les connaiſſances néceſſaires pour cet examen ; puiſque vous vous chargez volontairement devant Dieu & devant les hommes de la *coulpe*, qu'il entraînerait avec lui s'il était mal fait. C'eſt ainſi que ſans qu'il vous ſoit jamais permis d'être en aucune maniere Légiſlateurs, l'aſſentiment de votre conſcience éclairée eſt néanmoins eſſentiel à la légiſlation qui doit régler vos jugemens. C'eſt ainſi que la Nature a marqué votre rang au milieu de vos Concitoyens par l'importance de vos devoirs, & par la dignité inſéparable de la réunion de la ſageſſe, de la vertu, & des *lumieres* les plus utiles à la ſociété.

Il eſt une autre claſſe d'hommes, qui, comme le dit un Auteur moderne, ſans être revêtus d'aucun titre, d'aucune charge, d'aucun emploi public, ne ſont cependant jamais proprement des hommes privés. C'eſt la claſſe que vous compoſez, têtes réfléchiſſantes & profondes, eſprits élevés & brillans, génies vigoureux & ſublimes qui avez conſacré votre tems & vos travaux à acquérir & à répandre des connaiſſances de toute eſpece. Vous n'avez pas dû vous livrer à l'étude dans la ſeule vûe d'occuper votre imagination, d'exercer vos facultés, d'amuſer vos loiſirs, & de faire une vaine parade de votre ſavoir. Dans les dangers de la guerre, lorſque des dévaſtateurs cruels ravagent les

f iv

moiſſons , brûlent , démoliſſent
les villes , & font couler de flots
de ſang ; ce n'eſt pas aux enfans ,
ce n'eſt pas aux infirmes , ce n'eſt
pas aux Citoyens faibles & déſar-
més à réprimer ces attentats deſtructeurs. Si les Militaires alors ſe
bornaient à montrer leur vigueur
& leur adreſſe par des jeux frivoles , & à faire aux yeux de leurs
malheureux Compatriotes un éta-
lage pompeux des plumes qui flot-
tent ſur leurs têtes , & du fer acéré
qu'on leur remit entre les mains :
Lâches , leur crierait-on , *vous avez
des forces & des armes ; volez où
votre devoir , où le beſoin de la
Patrie vous appellent ; attaquez
l'ennemi , combattez-le , & mourez
s'il le faut en le repouſſant . . . .*
Vous qui cultivez avec ſuccès les

Sciences & les Lettres, Obſerva-
teurs de la Nature, ingénieux
Scrutateurs de ſes Loix, Peintres
fideles & hardis de ſes effets & de
ſes productions ; vous êtes contre
l'ignorance, contre l'opinion ,
contre l'erreur, contre les déſordres politiques par leſquels elles
déchirent le monde, vous êtes les
défenſeurs-nés du genre humain.
Vos talens ſont un préſent que le
Ciel fit à la terre pour contribuer
à augmenter le bonheur de ſes habitans. Toutes les vérités ſans
doute ſont bonnes à connaître ;
mais il s'en faut beaucoup qu'elles
ſoient toutes également intéreſ-
ſantes pour la félicité de notre
eſpece. Si vous voulez , comme
vous le devez , comme vous le
pouvez , concourir dignement à

cette félicité defirée ; il eſt pour vous des recherches plus importantes , & moins abſtraites que celle du rapport du *parametre* d'une courbe à ſon *abſciſſe* & de cette *abſciſſe* à *l'ordonnée relative ;* il eſt des obſervations plus curieuſes & moins pénibles que celle des arteres d'un moucheron ; il eſt des calculs plus ſûrs & plus utiles que ceux de la révolution des comètes. *L'ordre naturel ſocial*, fondé ſur *l'ordre général phyſique ;* les *droits* & les *devoirs* réciproques des hommes ; les *loix naturelles* qui réglent ſouverainement ces droits & ces devoirs, qui décident de la réproduction & de l'abondance des choſes propres à nos beſoins, qui réuniſſent, qui concilient au ſuprême degré les inté-

rêts des Souverains, des Sujets &
des Nations : Voilà des objets véritablement effentiels à connaître
& à faire connaître. Envain s'atta-
cherait-on à toutes les autres
Sciences, tant qu'on fera privé de
celle de ces grands objets, le fort
des Empires demeurera livré à
l'inftabilité des paffions tumul-
tueufes & peu éclairées : La paix,
les jouiffances, la tranquillité, la
multiplication des humains feront
abandonnées aux ravages des intérêts particuliers exclufifs : Et ces
intérêts mal-entendus, difcordans
par ignorance, enchaîneront la
liberté, détruiront les richeffes des
Peuples & des Rois, arrêteront
l'effor du génie par le poids de la
mifere publique & particuliere,
& s'oppoferont ainfi aux progrès

mêmes des Sciences fpéculatives, & des Arts de goût & d'agrément. Mais quand la Science de la *Phyfiocratie*, devenue familiere à tous les Citoyens, aura par la publicité de fon évidence affuré l'exiftence du Gouvernement le plus conforme à la *Nature*, & manifeftement le plus avantageux aux Souverains & à leurs Sujets; quand l'impoffibilité de féduire perfonne par les prétextes infidieux, dont on s'eft autrefois fervi pour violer indirectement les droits d'autrui, aura donné à la propriété le plus grand degré de fûreté imaginable; cette certitude de la propriété amenera l'accroiffement rapide de la richeffe des Princes & de celle des Nations. Alors les Sciences les plus abftraites & les Arts les plus

agréables marcheront avec la même rapidité vers leur plus haut
degré de perfection ; dont on ne
pourra se former d'idée, que lorfqu'au milieu d'une population immenfe, le plus grand nombre poffible d'hommes de génie, pourra
s'appliquer paifiblement à l'étude au fein de l'aifance & du loifir.
Illuftres *Inftructeurs* de vos fem-
blables, cette Science, de laquelle
dépend le bonheur du monde &
le deftin de toutes les autres Sciences, eft certainement faite pour
vous.

Elle eft encore faite pour vous,
Peres de famille, Citoyens actifs
& vertueux, obligés de pourvoir
à la fubfiftance & au bien-être des
femmes que vous avez prifes, &
des enfans que le ciel vous a don-

nés. Les *Loix* de *l'ordre physique*
& celles de *l'ordre social* font la
bafe facrée, folide, inaltérable,
fur laquelle feule on peut élever
avec fuccès l'édifice des travaux
humains. Vous devez connaître
ces Loix parce qu'elles font la régle naturelle de votre conduite
économique & fociale, de vos entreprifes, de l'emploi de vos richeffes & de vos facultés. Vous
devez les connaître parce qu'elles
renferment le titre évident de vos
droits, des droits des affociés faibles, intimes & chéris, que vous
avez à défendre, & pour le patrimoine defquels vous pouvez avoir
à réclamer la protection du Souverain & le miniftère des Magiftrats.

Et vous belle moitié du genre

humain , sexe enchanteur dont
l'influence sur tout ce qui se fait
de bon, d'agréable , d'utile &
d'honnête, est si visiblement marquée par la Nature, la Science des
Loix de *l'ordre naturel* est également
ment faite pour vous. Vous tenez
de l'intérêt que vous avez à ce
que notre conduite soit raisonna-
ble, vous tenez de vos charmes ,
de votre douceur , & même de
votre prudence , le droit d'être
nos Conseillers perpétuels. Il faut
que cette prudence soit éclairée
pour vous assurer utilement & ho-
norablement la jouissance d'un
droit aussi précieux. Économes ,
maîtresses , dispensatrices des richesses acquises par les travaux
de vos époux, les régles par lesquelles la distribution de ces ri-

cheſſes peut en opérer la réproduction & l'accroiſſement ne doivent pas être ignorées de vous.
Meres, Directrices de la premiere
jeuneſſe de vos enfans, néceſſairement chargées de la partie de
leur éducation qui va le plus à
leur cœur & dont les traces ſont
les plus profondes & les plus du-
rables, il faut que vous connaiſ-
ſiez toutes les vérités fondamentales que les hommes doivent ſavoir. Vos lumieres ſont à la fois
le germe & le foyer conſervateur
des nôtres. Par-tout où vous ſeriez
ignorantes & frivoles, on verrait
bien peu d'hommes ſages & éclairés.

Heureuſement il nous de-
vient de jour en jour plus facile
d'être l'un & l'autre. La Science

la

la plus néceſſaire aux Rois, aux
Magiſtrats, aux Gens de Lettres,
aux Peres & aux Meres de famille;
cette Science ſimple & majeſtueu-
ſe, qui apprend à connaître *l'or-*
dre naturel, & à ſe ſervir de cette
connaiſſance pour régler ſa conduite, afin d'être le plus heureux
qu'il ſoit poſſible à l'homme d'a-
près les circonſtances données,
commence à ſe manifeſter avec
tout l'éclat de ſon évidence. L'illuſ-
tre AMI DES HOMMES (*), l'ancien
& ſavant Secrétaire de la Société
d'Agriculture de Brétagne (**).

____

(*) M. *le Marquis* DE MIRABEAU à qui ſon
premier Ouvrage a mérité cet honorable ſurnom,
& qui a compoſé depuis, la THÉORIE DE L'IM-
PÔT, le Livre riche & profond qui a pour titre:
PHILOSOPHIE RURALE, *ou Economie générale &*
politique de l'Agriculture, réduite à l'ordre immuable
des Loix phyſiques & morales qui aſſurent la proſ-
périté des Empires, & les ELÉMENS de la Philo-
ſophie Rurale.

(**) M. ABEILLE, qui a donné au Public
deux volumes du *Corps d'obſervations* de cette cé-

le fage & méthodique LA RIVIE-
RE (*), l'élégant Auteur des *Ephé-
mérides du Citoyen* (**), ont déve-
loppé les principes & la plûpart
des conféquences de cette Science
dans leurs Ecrits immortels, qui
font entre les mains de tout le
monde. Un nombre confidérable
d'Auteurs éclairés, des Acadé-
mies entieres fe hâtent de mar-
cher fur leurs traces. Une puif-
fante Souveraine honore leur doc-

____

lebre Compagnie; & auquel nous devons d'ailleurs plufieurs Ecrits fupérieurement lucides, &
par conféquent très précieux fur divers points
d'Economie politique.

(*) M. LE MERCIER DE LA RIVIERE, Con-
feiller au Parlement de Paris, puis Intendant de
la Martinique, Auteur de l'excellent & fublime
Ouvrage, intitulé : *L'ORDRE naturel & effentiel
des Sociétés politiques*.

(**) M. *l'Abbé* BAUDEAU, qui publie tous les
mois, fous le titre d'ÉPHÉMERIDES *du Citoyen
ou Bibliotheque raifonnée des Sciences morales &
politiques* un Recueil fort intéreffant auquel il
fournit lui-même un grand nombre de morceaux
très-profonds & très-bien écrits.

trine de fa protection particuliere (*).

Au milieu des fuccès dûs à l'utilité palpable de cette doctrine &
aux talens des dignes Ecrivains
qui l'ont promulguée, j'ai cru
qu'un Recueil compofé des principaux Ouvrages de celui que ces
grands Maîtres regardent comme
leur Maître commun, ferait pour
le Public un Livre intéreffant.
Les génies fupérieurs fe reffem-
blent tous dans leur maniere d'é-
tudier. J'ai conclu de-là que les
Écrits qui ont été lus & médi-

(*) SA MAJESTÉ L'IMPÉRATRICE *de toutes
les Ruffies*, qui vient d'appeller M. *de la Riviere*
à fa Cour, pour introduire & répandre la Science
de *l'ordre naturel* parmi les habitans de fon vafte
Empire, qu'elle veut gouverner, comme la raifon, par l'évidence de l'intérêt commun.

tés avec fruit par les *Mirabeau*, par les *la Riviere*, &c. , & qui ont servi à former de tels hom- mes, pouvaient prétendre à con- courir avec les leurs à en former d'autres. Ils m'ont tous excité à élever cette espece de monument à la reconnaissance dont ils sont pénétrés, ainsi que moi, pour l'In- venteur du Tableau économique ; pour cet homme simple & mo- deste, qui n'a jamais voulu per- mettre qu'on le nommât ; qui, uniquement occupé du bien pu- blic, a presque fui la gloire que méritaient ses découvertes ; qui, semblable à ce Pere robuste, dont parle *la Bruyere*, a, en perçant la foule, pris ses enfans dans ses bras & les a fait passer devant lui. Je me trouve heureux d'avoir ré-

digé & dirigé ce Recueil, comme
je le ferais d'avoir fait moi-même
un bel Ouvrage ; parce que je fens
combien le caractere original de
ces Traités profonds & concis
décore le titre de leur Éditeur,
& lui impofe la loi de s'en rendre
digne par des travaux utiles.

TABLE

SOMMAIRE

effets mobiliers dont chacun eft poffeffeur.
L'uſage du Droit naturel des hommes, ainſi
confédérés, eft plus étendu que celui des
hommes en famille iſolée, parce qu'en raiſon de la confédération & des ſecours réciproques chacun a le travail plus facile, &
la poffeffion encore plus affurée des choſes
qu'il acquiert par ce travail. 26-27

Quand les richeffes deviennent plus conſidéra-
bles, & par conſéquent plus diſperſées les
ſimples conventions tacites, & même explicites, ne ſuffiſent pas pour affurer la propriété. Il faut alors des loix poſitives & une
autorité tutelaire. L'établiffement de cette
autorité qui étend les ſecours mutuels &
affure la propriété, étend par conſéquent
l'uſage du Droit naturel des hommes, loin
de le reſtraindre. 27-28

CHAP. V. *Du Droit naturel des hommes réunis en ſociété ſous une autorité ſouveraine.* 29

Ce n'eft pas relativement aux différentes formes de l'autorité qu'il s'agit d'examiner ici le
Droit naturel des hommes réunis en ſociété.
ibid.

Quelle que ſoit la forme extérieure de l'autorité,
ſans la liberté des Citoyens & la ſûreté de
leurs propriétés, il ne peut y avoir de Gouvernement & de ſociété profitables, ni ſta-
bles. 29-31

Des révolutions qu'ont effuyées les mauvais
Gouvernemens. On n'en peut rien inférer relativement au bon Gouvernement qui conſiſte dans l'obſervation de l'ordre naturel &

nellement celles de leur entretien, on ne peut les confondre avec la classe purement stérile. 71

TROISIEME OBSERVATION.

Ce qui ne serait que *faste* dans un pays parvenu à son plus haut degré de prospérité, serait *luxe* dans un pays où il y aurait encore de grands travaux & de grandes dépenses à faire pour faciliter le commerce des productions, & pour étendre & améliorer la culture du territoire. Les Propriétaires alors doivent restraindre leurs dépenses superflues pour accroître les dépenses nécessaires à l'augmentation de leur revenu. La nécessité de ces dépenses foncieres, que des Propriétaires seuls peuvent faire, rend la propriété fonciere une des principales conditions de l'ordre naturel du bon Gouvernement. 72-74

QUATRIEME OBSERVATION.

On ne pourroit rien retrancher de la recette de la classe productive sans dépérissement, ni rien ajouter sans augmentation de richesses. Ainsi c'est par la recette de la classe productive que l'on peut juger de la prospérité générale. C'est de même par la recette de chaque classe que l'on peut évaluer leur population. 75-76

Il y a des dépenses qui ne sont pas comprises dans le Tableau, & qui dans l'hypothèse donnée se montent à *un milliard 67 millions*. On en a placé le détail avec celui de toutes les autres dépenses dans la Philosophie rurale, Chap. 7. 77-78

Cinquieme Observation.

Quoiqu'il y ait un commerce extérieur, on ne
doit calculer les dépenses d'une Nation que
sur la réproduction annuelle de son territoire : car elle ne peut acheter de l'étranger
qu'autant qu'elle lui vend. Les frais de voiturage se payent réciproquement par les Nations. Ils forment un article de dépense onéreuse prelevée sur le revenu des Propriétaires. Le commerce doit être infiniment libre
pour que ces frais soient le plus restraints
qu'il est possible. Dans l'état d'un commerce
libre, les prix qui ont cours entre les Nations commerçantes doivent servir de base
au calcul des richesses & des dépenses des
Nations.   79-81

Sixieme Observation.

Le calcul des richesses annuelles d'une Nation
agricole se réduit à celui de la vente de ses
productions à la premiere main. Plus le prix
de cette vente est constamment haut, plus il
est profitable & plus il fournit de richesses
aux Propriétaires des productions, & de salaires aux autres hommes. C'est ce qui fait
que l'intérêt général du corps entier des
Commerçans est d'accord avec l'intérêt des
Nations, quoique l'intérêt particulier &
momentané de chaque Commerçant tende à
faire baisser le plus qu'il est possible le prix
de la premiere vente, & hausser le plus qu'il
est possible celui du dernier achat au préjudice des Nations. Les Commerçans de tous
les pays ne forment entr'eux qu'une immense République. Les richesses des Com-

merçans font abfolument féparées de celles
des Nations agricoles. Ce ne font point ces
Commerçans revendeurs qui font naître le
commerce.   83-88

Septieme Observation.

On n'a point fait entrer dans le Tableau la
maffe d'argent monnoyé circulante dans le
commerce de la Nation. Les Nations qui
n'ont point de mines n'ont d'argent qu'autant qu'il leur convient d'en acheter. Si
elles voulaient augmenter leur pécule fans
que la réproduction annuelle de leurs richeffes fût augmentée, elles diminueraient
leur réproduction & bientôt leur pécule même. Le pécule peut décroître fans que les richeffes diminuent, parce qu'il eft aifé de
fuppléer au pécule. Les Nations pauvres
ont proportionnellement à leur réproduction une fomme de pécule beaucoup plus
confidérable que les Nations riches ; car
celles-ci s'en paffent très bien dans la plus
grande partie de leur commerce, ce que
celles-là ne peuvent faire. Une fomme de
pécule égale à celle du revenu des terres eft
beaucoup plus que fuffifante pour une Nation agricole.   88-91

Il ne faut pas confondre le pécule des membres
de la République commerçante avec celui
des Nations. Le pécule des Commerçans eft
leur patrimoine abfolument féparé de celui
des Nations, & auquel elles ne peuvent
participer. Il fe forme & s'accroît aux dépens
des Nations. Celles-ci ne doivent pas s'occuper de ce petit objet qui va de lui-même.
Leur feul intérêt eft d'avoir la plus grande

NOTES SUR LES MAXIMES.

NOTE *sur la maxime III.*

Le commerce ne donne & ne crée rien ; il échange, il vend tout. Les loyers des maisons, les rentes sont payés par les revenus. La terre & les avances des Cultivateurs sont donc les sources uniques des richesses. 123

NOTE *sur la maxime V.*

L'impôt doit être une part proportionnelle du produit net des biens fonds. Alors il ne coûte rien à personne, & est profitable à tous. Levé sur les avances des Cultivateurs ou sur les falaires des ouvriers, ou fur les denrées & marchandifes, il feroit arbitraire & def-tructif, il ruinerait les Fermiers, les Propriétaires & l'Etat. En forme de dixme il n'aurait aucune proportion avec le produit net, il ferait injufte & défaftreux. 124-127

L'établiffement de l'impôt à la fource du revenu peut fembler difficile dans un pays où l'agriculture eft tombée en ruine. Cette circonftance même rend la néceffité du remede encore plus preffante. Il faut fe hâter de fupprimer les impofitions arbitraires fur les Cultivateurs. Cela eft facile dans les pays où les terres font affermées. Les autres demandent un grand ménagement. Dans tous les cas la propriété feule doit répondre de l'impôt, & jamais les richeffes d'exploitation. 127-131

Note fur la maxime VI.

Les meilleures terres feraient nulles fans les avances néceffaires pour les cultiver. C'eft l'indigence feule des Cultivateurs qui fait dépérir l'agriculture, & qui rend dans un Etat la population non-difponible, les revenus faibles, & le Souverain peu puiffant. Cette indigence des Cultivateurs eft le fruit de plufieurs caufes funeftes. Defcription d'un Royaume où les avances de la culture n'étaient plus fuffifantes. Idée des caufes qui les avaient réduites à cette infuffifance. 131-135

Note fur la maxime VII.

Par les fortunes qui rentrent dans la circulation on doit principalement entendre celles qui s'employent à l'amélioration des terres; ou à des entreprifes d'agriculture, de commerce, ou de manufactures profitables.

SOMMAIRE. CXV

mentation défaftreufe d'impôt. *Ce ne font pas les richeffes qui font renaître les richeffes qui doivent payer l'impôt.* 154-156

Indépendamment de la fûreté de l'emploi de leurs richeffes, les Cultivateurs doivent être exempts de toute efpece de vexation perfonnelle, de peur qu'ils n'emportent dans les villes leurs richeffes qui font fubfifter la Nation & renaître les revenues publics & particuliers. Si cela était ainfi les Bourgeois aifés trouveraient dans l'agriculture & au grand profit du public des établiffemens avantageux pour leurs enfans. Il devrait être permis à la Nobleffe de prendre des terres à ferme ; le payement d'un fermage n'affujettit à aucune dépendance, pas plus que celui du loyer d'un Hôtel. Un Propriétaire & un Fermier font tous deux également Propriétaires, qui contractent pour leur avantage réciproque. Leur dignité eft abfolument la même. Chez tous les peuples fages la Nobleffe & l'agriculture ont été unies. 156-158

Note fur la maxime XVI.

Arrêter le commerce extérieur des productions, c'eft borner l'agriculture à la population, au lieu d'étendre la population par l'agriculture. La liberté du commerce affure l'approvifionnement de toutes les Nations, & entretient le niveau des prix. Cette feule égalifation des prix augmente confidérablement le revenu des terres fans accroître les dépenfes des Confommateurs. Si l'on prohibait le commerce des productions, on détruirait la culture, les revenus, l'impôt, les falaires, la Nation. 158-161

Note fur la maxime XVIII.

Si l'on faifait baiffer le prix des productions

nationales; on feroit obligé dans le commerce extérieur d'en donner une plus grande quantité, pour une moindre quantité de productions étrangeres.   161

SECONDE NOTE *fur la même maxime.*

Il faut diftinguer les *biens* d'avec les *richeffes*. Ceux-là ont une valeur ufuelle & n'ont point de valeur venale. Celles-ci ont une valeur ufuelle & une valeur vénale. Il ne fuffit pas à une Nation d'avoir des *biens*. Il faut qu'elle tende à fe procurer de grandes *richeffes*, pour fubvenir par le commerce à tous les befoins différens des membres dont elle eft compofée.   161-162

NOTE *fur la maxime XIX.*

Le falaire de la journée du manouvrier eft ordinairement le vingtieme du feptier de bled. Quand le bled eft conftamment cher, il refte au manouvrier une fomme plus forte à employer à fes autres befoins. D'ailleurs les Propriétaires & le Souverain plus riches font faire plus de travaux; ce qui employe un plus grand nombre d'ouvriers qui mourraient de faim fi le bled était à vil prix.   162-163

NOTE *fur la maxime XX.*

Il n'y a que la propriété, la jouiffance affurée de fon gain, l'aifance, qui puiffent rendre le Payfan laborieux. Tout homme qui peut conferver travaille, parce que tout homme eft avide de richeffes. Les vexations, le bas prix des denrées & des falaires, le défaut d'emploi lucratif, rendent le Payfan pauvre & pareffeux; mais *pauvres Payfans, pauvre Royaume.*   163-165

NOTE *sur la maxime* XXII.

Dans les grands Etats agricoles, il doit naturellement se faire une consommation étendue & abondante des productions du territoire. Cette consommation y est fille & mere des revenus. Mais les petites Nations commerçantes qui n'ont pas de territoire doivent épargner en tout genre de dépenses pour se menager l'avantage de la concurrence dans leur metier de voiturier & de revendeur. C'est ce qui rend la concurrence de ces petites Nations maritimes si importante à admettre librement dans le commerce des Nations agricoles pour en restraindre le plus qu'il est possible les frais onéreux.   165-166

NOTE *sur la maxime* XXVI.

Erreurs qui ont fixé les regards des Politiques uniquement sur la population. Les hommes ne peuvent multiplier les richesses, & se multiplier eux-mêmes, que par les richesses. Des hommes sans richesses & sans salaires sont une pésante charge pour une Nation. Si une partie d'entr'eux se livre pour se nourir à quelque culture facile & peu couteuse de productions de vil prix ; cette partie sera nulle pour l'Etat, ainsi que les terres employées à cette chetive culture. Il faut que les travaux des Cultivateurs donnent un produit net pour faire subsister tous les autres Citoyens, & subvenir à toutes les dépenses de l'Etat. Mais il n'y a que les Cultivateurs riches, qui employent de grandes avances à leurs exploitations, de qui l'on puisse attendre cet avantage. C'est pourquoi le Gouvernement politique de l'agriculture & du commerce de ses productions est la base de l'administration d'un Royaume.   166-169

Fin de la Table de la Iere. Partie.

LE DROIT NATUREL.

CHAPITRE PREMIER.

Ce que c'est que le droit naturel des Hommes.

LE DROIT NATUREL de l'homme peut être défini vaguement *le droit que l'homme a aux choses propres à sa jouissance.*

Avant que de considérer le droit naturel des hommes, il faut considérer l'homme lui-même dans ses différents états de capacité corporelle & intellectuelle, & dans ses différents états relatifs aux autres hommes. Si l'on n'entre pas dans cet examen avant que d'entreprendre de déve-

A

lopper le droit naturel de chaque homme, il eſt impoſſible d'appercevoir même ce que c'eſt que ce droit (1).

C'eſt faute d'avoir remonté juſqu'à ces premieres obſervations, que les Philoſophes ſe ſont formé des idées ſi différentes & même ſi contradictoires du droit naturel de l'homme. Les uns, avec quelque raiſon, n'ont pas voulu le reconnoître ; les autres, avec plus de raiſon, l'ont reconnu ; & la vérité ſe trouve de part & d'autre. Mais une vérité en exclut une autre dans un même être lorſqu'il change d'état, comme une forme eſt la privation actuelle d'une autre forme dans un même corps.

---

(1) Il en a été des diſcuſſions ſur le droit naturel, comme des diſputes philoſophiques ſur la liberté, ſur le juſte & l'injuſte : on a voulu concevoir comme des êtres abſolus ces attributs relatifs, dont on ne peut avoir d'idée complette & exacte qu'en les réuniſſant aux corelatifs dont ils dépendent néceſſairement, & ſans leſquels ce ne ſont que des abſtractions idéales & nulles.

Celui qui a dit que le droit naturel de l'homme est nul, a dit vrai *.

Celui qui a dit que le droit naturel de l'homme, est le droit que la nature enseigne à tous les animaux, a dit vrai (2).

Celui qui a dit que le droit naturel de l'homme est le droit que sa force & son intelligence lui assurent, a dit vrai **.

Celui qui a dit que le droit naturel se borne à l'intérêt particulier de chaque homme, a dit vrai ***.

Celui qui a dit que le droit naturel est une loi générale & souveraine qui régle les droits de tous les hommes, a dit vrai (3).

---

* Voyez-en l'exemple au bas de la page 6.

(2) C'est la définition de Justinien ; elle a, comme les autres, son aspect où elle est vraie.

** Voyez-en l'exemple, pages 14, & dans la note 9, page 32.

*** Voyez-en l'exemple dans la note 6, page 11.

(3) Voyez-en l'exemple, pages 24 & 25. Avec un peu plus d'étendue cette proposition seroit la nôtre.

Celui qui a dit que le droit naturel des hommes eſt le droit illimité de tous à tout, a dit vrai (4).

Celui qui a dit que le droit naturel des hommes eſt un droit limité par une convention tacite ou explicite, a dit vrai *.

Celui qui a dit que le droit naturel ne ſuppoſe ni juſte ni injuſte, a dit vrai (5).

Celui qui a dit que le droit naturel eſt un droit juſte, déciſif, & fondamental, a dit vrai **.

---

(4) C'eſt le ſyſtême du Sophiſte *Traſimaque* dans Platon, renouvellé depuis par *Hobbes*, & depuis Hobbes par l'Auteur du Livre intitulé, *Principes du Droit naturel & de la Politique*. Voyez le préſenté & réfuté pages 8, 9 & 10.

* Voyez-en l'exemple, pages 26 & 27.

(5) C'eſt le cas d'un homme ſeul dans une Iſle déſerte, dont le droit naturel aux productions de ſon Iſle n'admet ni juſte, ni injuſte; attendu que la juſtice ou l'injuſtice ſont des attributs relatifs qui ne peuvent exiſter lorſqu'il n'y a perſonne ſur qui les exercer. Voyez le commencement du quatriéme Chapitre.

** Voyez ci-contre, p. 5 & 6, & au bas de la p. 23.

Mais aucun n'a dit vrai relativement à tous les cas.

Ainsi les Philosophes se sont arrêtés au parallogisme, ou argument incomplet, dans leurs recherches sur cette matiere importante, qui est le principe naturel de tous les devoirs de l'homme réglés par la raison.

Un enfant, dépourvu de force & d'intelligence, a incontestablement un droit naturel à la subsistance, fondé sur le devoir indiqué par la nature au pere & à la mere. Ce droit lui est d'autant plus assuré que le devoir du pere & de la mere est accompagné d'un attrait naturel qui agit beaucoup plus puissamment sur le pere & sur la mere, que la notion de l'ordre naturel qui établit le devoir. Néanmoins on ne peut ignorer que ce devoir indiqué & assuré par le sentiment, est dans l'ordre de la justice; car le pere & la mere ne font que rendre à leurs enfans ce qu'ils ont reçu eux-mêmes de leur pere & mere : or un précepte qui se rapporte à un droit juſte oblige tout être raiſonnable.

Si on me demande ce que c'eſt que la juſtice ? Je répondrai que *c'eſt une régle naturelle & ſouveraine, reconnue par les lumieres de la raiſon, qui détermine évidemment ce qui appartient à ſoi-même, ou à un autre.*

Si le pere & la mere de l'enfant meurent, & que l'enfant ſe trouve, ſans autre reſſource, abandonné inévitablement à ſon impuiſſance, il eſt privé de l'uſage de ſon droit naturel, & ce droit devient nul. Car un attribut relatif eſt nul quand ſon corelatif manque. L'uſage des yeux eſt nul dans un lieu inacceſſible à la lumiere.

CHAPITRE II.

De l'étendue du droit naturel des Hommes.

LE droit naturel des hommes differe du droit *légitime* ou du droit décerné par les loix humaines, en ce qu'il eſt reconnu avec évidence par les lumieres de la raiſon, & que par cette évidence ſeule, il eſt obligatoire indépendamment d'aucune contrainte ; au lieu que le droit *légitime* limité par une loi poſitive, eſt obligatoire en raiſon de la peine attachée à la tranſgreſſion par la ſanction de cette loi, quand même nous ne le connoîtrions que par la ſimple indication énoncée dans la loi.

Par ces différentes conditions on voit toute l'étendue du droit naturel, & ce qui le diſtingue du droit *légitime*.

Souvent le droit *légitime* reſtreint le droit naturel, parce que les loix des hommes ne ſont pas auſſi parfaites que les loix de l'Auteur de la nature, & parce que

les loix humaines font quelquefois fur-
prifes par des motifs dont la raifon éclairée ne reconnoît pas toujours la juftice ;
ce qui oblige enfuite la fageffe des Légif-
lateurs d'abroger des loix qu'ils ont faites
eux-mêmes. La multitude des loix contradictoires & abfurdes établies fucceffi-
vement chez les Nations , prouve manifeftement que les loix pofitives font fu-
jettes à s'écarter fouvent des régles immuables de la Juftice , & de l'ordre naturel le plus avantageux à la Société.

Quelques Philofophes abforbés dans
l'idée abftraite du droit naturel des hommes , qui laiffe *à tous un droit à tout* , ont
borné le droit naturel de l'homme à l'état
de pure indépendance des hommes les
uns envers les autres, & à l'état de guerre
entr'eux pour s'emparer les uns & les autres de leur droit illimité. Ainfi, prétendent ces Philofophes , lorfqu'un homme
eft privé par convention , ou par une autorité légitime , de quelques parties du
droit naturel qu'il a à toutes les chofes

propres à sa jouissance, son droit général
est détruit; & cet homme se trouve sous
la dépendance d'autrui par ses engagemens, ou par une autorité coactive. Il
n'est plus dans le simple état de nature,
ou d'entiere indépendance; il n'est plus
lui seul juge de son droit; il est soumis au
jugement d'autrui; il n'est donc plus, di-
sent-ils, dans l'état de pure nature, ni par
conséquent dans la sphere du droit naturel.

Mais si l'on fait attention à la futilité
de cette idée abstraite *du droit naturel de
tous à tout*, il faudra, pour se conformer à l'ordre naturel même, réduire ce
droit naturel de l'homme *aux choses dont
il peut obtenir la jouissance*; & ce préten-
du droit général sera dans le fait un droit
fort limité.

Dans ce point de vue, on appercevra
que les raisonnemens que l'on vient d'exposer ne sont que des sophismes frivoles,
ou un badinage de l'esprit, fort déplacé

dans l'examen d'une matiere ſi importante ; & on ſera bien convaincu que le droit
naturel de chaque homme ſe réduit dans
la réalité à la portion qu'il peut ſe procurer par ſon travail. Car *ſon droit à tout* eſt
ſemblable au droit de chaque hirondelle
à tous les moucherons qui voltigent dans
l'air, mais qui dans la réalité ſe borne à
ceux qu'elle peut ſaiſir par ſon travail ou
ſes recherches ordonnées par le beſoin.

Dans l'état de pure nature, les choſes
propres à la jouiſſance des hommes ſe ré-
duiſent à celles que la nature produit ſpon-
tanément & ſur leſquelles chaque homme
ne peut faire uſage de ſon droit naturel
indéterminé, qu'en s'en procurant quelque portion par ſon travail, c'eſt-à-dire,
par ſes recherches. D'où il s'enſuit, 1°. que
ſon droit à tout n'eſt qu'idéal : 2°. que la
portion de choſes dont il jouit dans l'état
de pure nature s'obtient par le travail :
3°. que ſon droit aux choſes propres à ſa
jouiſſance, doit être conſidéré dans l'or-

dre de la nature & dans l'ordre de la justice ; car dans l'ordre de la nature il est indéterminé tant qu'il n'est pas assuré par la
possession actuelle ; & dans l'ordre de la
justice il est déterminé par une possession effective de droit naturel, acquise
par le travail, sans usurpation sur le droit
de possession d'autrui : 4°. que dans l'état
de pure nature, les hommes pressés de
satisfaire à leurs besoins, chacun par ses recherches, ne perdront pas leur temps à se
livrer inutilement entr'eux une guerre qui
n'apporteroit que de l'obstacle à leurs occupations nécessaires pour pourvoir à leur
subsistance (6) : 5°. que le droit natu-

---

(6) C'est ici le cas du proverbe qui peut s'a-
dresser à tous dans l'état de pure nature, *si tu en
as besoin vas-en chercher, personne ne s'y oppose :*
cette régle s'étend jusqu'aux bêtes ; celles d'une
même espece qui sont dans le même cas, ne cher-
chent point à se faire la guerre pour s'empêcher
réciproquement de se procurer leur nourriture par
leurs recherches.

rel, compris dans l'ordre de la nature,
& dans l'ordre de la juſtice , s'étend à
tous les états dans leſquels les hommes
peuvent ſe trouver reſpectivement les
uns aux autres.

CHAPITRE III.

De l'inégalité du droit naturel des Hommes.

Nous avons vu que dans l'état même de pure nature ou d'entiere indépendance, les hommes ne jouiffent de leur droit naturel aux chofes dont ils ont befoin que par le travail, c'eft-à-dire, par les recherches néceffaires pour les obtenir ; ainfi le droit de *tous à tout* fe réduit à la portion que chacun d'eux peut fe procurer, foit qu'ils vivent de la chaffe, ou de la pêche, ou des végétaux qui naiffent naturellement. Mais pour faire ces recherches, & pour y réuffir, il leur faut les facultés du corps & de l'efprit, & les moyens ou les inftrumens néceffaires pour agir & pour parvenir à fatisfaire à leurs befoins. La jouiffance de leur droit naturel doit être fort bornée dans cet état de pure nature & d'indépendance, où nous ne fuppofons encore entr'eux aucun concours pour s'entr'aider mutuellement , & où les forts peuvent ufer injuftement de violence contre les foibles. Lorfqu'ils entreront en fociété , & qu'ils feront entr'eux des conventions pour leur avantage réciproque , ils augmenteront donc la jouiffance de leur droit naturel ; & ils s'affureront même la pleine étendue de cette jouiffance , fi la conftitution de la fociété eft conforme à l'ordre évidemment le plus avantageux aux hommes , relativement aux loix fondamentales de leur droit naturel.

Mais en confidérant les facultés corporelles & intellectuelles , & les autres moyens de chaque homme en particulier, nous y trouverons encore une grande inégalité relativement à la jouiffance du droit naturel des hommes. Cette inégalité n'admet ni jufte ni injufte dans fon principe ; elle réfulte de la combinaifon des loix de la nature ; & les hommes ne pouvant pénétrer les deffeins de l'Être Suprême dans la conftruction de l'Univers , ne peuvent s'élever jufqu'à la deftination des régles

immuables qu'il a inftituées pour la formation & la confervation de fon ouvrage.
Cependant, fi on examine ces régles avec
attention , on appercevra au moins que
les caufes *phyfiques* du mal *phyfique* font
elles-mêmes les caufes des biens *phyfi-*
ques ; que la pluie , qui incommode le
voyageur , fertilife les terres : & fi on cal-
cule fans prévention, on verra que ces caufes produifent infiniment plus de bien
que de mal , & qu'elles ne font inftituées
que pour le bien ; que le mal qu'elles caufent incidemment , réfulte néceffairement de l'effence même des propriétés
par lefquelles elles opérent le bien. C'eft
pourquoi elles ne font , dans l'ordre naturel relatif aux hommes , des loix obliga-
toires que pour le bien ; elles nous impo-
fent le devoir d'éviter , autant que nous
le pouvons , le mal que nous avons à prévoir par notre prudence.

Il faut donc bien fe garder d'attribuer
aux loix phyfiques les maux qui font la
jufte & inévitable punition de la viola-

tion de l'ordre même des loix phyfiques,
inftituées pour opérer le bien. Si un Gouvernement s'écartoit des loix naturelles
qui affurent les fuccès de l'Agriculture ,
oferoit-on s'en prendre à l'Agriculture
elle-même de ce que l'on manqueroit de
pain, & de ce que l'on verroit en même
temps diminuer le nombre des hommes ,
& augmenter celui des malheureux ?

Les tranfgreffions des loix naturelles
font les caufes les plus étendues & les
plus ordinaires des maux phyfiques qui
affligent les hommes : les riches mêmes,
qui ont plus de moyens pour les éviter ,
s'attirent par leur ambition , par leurs
paffions, & même par leurs plaifirs, beaucoup de maux dont ils ne peuvent incul-
per que leurs déréglémens. Ceci nous me-
neroit infenfiblement à une autre caufe du
mal phyfique & du mal moral, laquelle
eft d'un autre genre que les loix phyfiques ; c'eft le mauvais ufage de la liberté
des hommes. La liberté, cet attribut conf-
titutif de l'homme, & que l'homme vou-
droit

droit étendre au de-là de ses bornes, paroît à l'homme n'avoir jamais tort : s'il se
nuit à lui même, s'il détruit sa santé, s'il
dissipe ses biens & ruine sa famille par le
mauvais usage de sa liberté, il se plaint
de l'Auteur de sa liberté, lorsqu'il vou-
droit être encore plus libre (7) ; il ne

---

(7) Que signifient ces mots *plus libre* ? signi-
fient-ils plus arbitraire, c'est-à-dire, plus indépendant des motifs qui agissent sur la volonté ?
Non, car cette indépendance, si elle étoit entiere, réduiroit la volonté à l'état d'indifférence ;
& dans cet état la liberté seroit nulle : ce n'est
donc pas dans ce sens que l'on peut dire *plus libre*.
Ces mots peuvent encore moins se rapporter à
l'état de la volonté subjuguée par des motifs in-
vincibles. Ces deux extrêmes sont les termes qui
limitent l'étendue de l'usage naturel de la liberté.

La liberté est une faculté relative à des motifs
excitans & surmontables, qui se contrebalancent &
s'entr'affoiblissent les uns les autres, & qui présen-
tent des intérêts & des attraits opposés, que la rai-
son plus ou moins éclairée, & plus ou moins préoc-
cupée examine & apprécie. Cet état de délibération
consiste dans plusieurs actes de l'exercice de la liberté, plus ou moins soutenus par l'attention de

B

s'apperçoit pas qu'il est lui-même en contradiction avec lui-même. Qu'il recon-
noisse donc ses extravagances; qu'il ap-
prenne à bien employer cette liberté,

l'esprit. Mais pour avoir une idée encore plus
exacte de la liberté, il ne faut pas confondre son
état de délibération avec l'acte décisif de la volonté, qui est un acte simple, définitif, plus ou
moins précipité, qui fait cesser tout exercice de la
liberté, & qui n'est point un acte de la liberté,
mais seulement une détermination absolue de la
volonté, plus ou moins préparée pour le choix
par l'exercice de la liberté.

D'après ces observations familieres à tout homme un peu attentif à l'usage de ses pensées, on
peut demander à ceux qui nient la liberté, *s'ils
font bien assurés de n'avoir jamais délibéré ?* S'ils
avouent qu'ils ont délibéré, on leur demandera
pourquoi ils ont délibéré ? Et s'ils avouent que c'é-
toit *pour choisir*, ils reconnoîtront l'exercice d'une
faculté intellectuelle entre les motifs & la déci-
sion. Alors on sera d'accord de part & d'autre sur
la réalité de cette faculté; & il deviendra inutile
de disputer sur le nom.

Mais, sous ce nom, ne réunissons pas des conditions contradictoires; telles que la condition de

qui lui eſt ſi chere ; qu'il banniſſe l'ignorance & les déréglemens , ſources des
maux qu'il ſe cauſe par l'uſage de ſa
liberté. Il eſt de ſa nature d'être libre &

---

pouvoir également acquieſcer à tous les motifs
actuels , & la condition de pouvoir également
n'acquieſcer à aucun ; conditions qui excluent
toute raiſon de préférence , de choix & de déci-
ſion. Car alors tout exercice , tout uſage , en un
mot , toutes les propriétés eſſentielles de la faculté
même , qu'on appelleroit liberté , n'exiſteroient
pas ; ce nom ne ſignifieroit qu'une abſtraction in-
concevable , comme celle du bâton ſans deux
bouts. Dépouiller la volonté de l'homme de toutes cauſes déterminantes , pour le rendre libre ,
c'eſt annuller la volonté ; car tout acte de la volonté eſt de vouloir une choſe, qui elle-même détermine la volonté à vouloir. Anéantir les motifs ,
c'eſt anéantir la liberté même , où la faculté intellectuelle qui examine & apprécie les objets relatifs aux affections de la volonté . . . . . .

Ne nous arrêtons pas davantage à cette abſurdité , & concluons en obſervant qu'il n'y a que
l'homme ſage qui s'occupe à perfectionner ſa liberté ; les autres croient toujours être aſſez libres
quand ils ſatisfont leurs deſirs : auſſi ne ſont-ils

intelligent, quoiqu'il ne foit quelquefois ni l'un ni l'autre. Par l'ufage aveugle
& imprudent de fa liberté, il peut faire
de mauvais choix ; par fon intelligence,

---

attentifs qu'à fe procurer les moyens de multiplier
les choix qui peuvent étendre, non pas leur liberté, mais l'ufage imprudent de leur liberté.
Celui qui n'a qu'un mets pour fon repas, n'a que
le choix de le laiffer ou de le manger, & d'en
manger plus ou moins ; mais celui qui a vingt
mets, a le pouvoir d'étendre l'exercice de fa liberté fur tous ces mets, de choifir ceux qu'il trouvera les meilleurs, & de manger plus ou moins
de ceux qu'il aura choifis. C'eft en ce fens que
l'homme brut n'eft occupé qu'à étendre toujours
l'ufage de fa liberté & à fatisfaire fes paffions avec
auffi peu de difcernement que de mödération ; ce
qui a forcé les hommes qui vivent en fociété, à
établir eux-mêmes des loix pénales pour réprimer
l'ufage effréné de leur liberté. Alors ils étendent
leur liberté par des motifs intéreffants qui fe con-
tre-balancent & excitent l'attention, qui eft pour
ainfi dire *l'organe actif* de la liberté ou de la délibération. Ainfi la liberté ou délibération peut s'é-
tendre par les motifs mêmes qui limitent l'ufage
précipité & imprudent de la liberté.

il peut parvenir aux meilleurs choix, &
se conduire avec sagesse, autant que le
lui permet l'ordre des loix physiques qui
constituent l'Univers (8).

Le bien physique & le mal physique, le
bien moral & le mal moral ont donc évidemment leur origine dans les loix naturelles.
Tout a son essence immuable, & les propriétés inséparables de son essence. D'autres loix auroient d'autres propriétés essentielles, vraisemblablement moins conformes à la perfection à laquelle l'Auteur de
la nature a porté son ouvrage : celles qu'il
a instituées sont justes & parfaites dans le
plan général, lorsqu'elles sont conformes
à l'ordre & aux fins qu'il s'est proposées ;
car il est lui-même l'Auteur des loix &
des régles , & par conséquent supérieur

______

(8) Il y a bien des especes & bien des degrés
de folie ; mais tout homme qui est fou par l'effet
d'une mauvaise constitution de son cerveau, est
entraîné par une *loi physique*, qui *ne lui permet pas
de faire le meilleur choix, ou de se conduire avec sagesse.*

B iij

aux loix & aux régles. Mais leur deſtina-
tion eſt d'opérer le bien , & tout eſt ſoumis à celles qu'il a inſtituées ; l'homme
doué d'intelligence a la prérogative de
pouvoir les contempler & les connoître
pour en retirer le plus grand avantage poſſible , ſans être réfractaire à ces loix & à
ces régles ſouveraines.

D'où ſuit que chacun a le droit naturel
de faire uſage avec reconnoiſſance de
toutes les facultés qui lui ont été dépar-
ties par la Nature , dans les circonſtances où elle l'a placé , ſous la condition de
ne nuire ni à ſoi-même ni aux autres :
condition ſans laquelle perſonne ne ſeroit
aſſuré de conſerver l'uſage de ſes facultés
ou la jouiſſance de ſon droit naturel , &
qui nous conduit au Chapitre ſuivant.

CHAPITRE IV.

Du droit naturel des Hommes con-
sidérés relativement les uns aux
autres.

Les hommes peuvent être confidérés
dans l'état de folitude & dans l'état de
multitude.

Si l'on envifage les hommes comme
difperfés de maniere qu'ils ne puiffent
avoir entr'eux aucune communication ,
on apperçoit qu'ils font complettement
dans l'état de pure nature & d'entiere indépendance, fans aucun rapport de jufte &
d'injufte relativement les uns aux autres.
Mais cet état ne peut fubfifter que le temps
de la durée de la vie de chaque individu ;
ou bien il faudroit fuppofer que ces hommes vivroient au moins, chacun avec une
femme , dans leur retraite ; ce qui chan-
geroit entierement l'hypothèfe de leur
état de folitude : car cette affociation
d'une femme & des enfans qui furvien-

droient, admettroit un ordre de dépendance, de justice, de devoirs, de sûreté,
de secours réciproques.

Tout homme est chargé de sa conservation sous peine de souffrance, & il
souffre seul quand il manque à ce devoir
envers lui-même, ce qui l'oblige à le
remplir préalablement à tout autre. Mais
tous ceux avec lesquels il est associé sont
chargés envers eux-mêmes du même devoir sous les mêmes peines. Il est de l'ordre naturel que le plus fort soit le chef de
la famille ; mais il n'est pas de l'ordre de
la justice qu'il usurpe sur le droit naturel
de ceux qui vivent en communauté d'intérêts avec lui. Il y a alors un ordre de
compensation dans la jouissance du droit
naturel de chacun qui doit être à l'avantage de tous les individus de la famille,
& qui doit être réglé par le chef, selon
l'ordre même de la justice distributive,
conformément aux devoirs prescrits par
la nature, & à la coopération où chacun
contribue selon sa capacité aux avantages

de la société. Les uns & les autres y contribuent diverſement, mais l'emploi des uns eſt à la décharge de l'emploi des autres; par cette diſtribution d'emploi, chacun peut remplir le ſien plus complettement; & par ce ſupplément réciproque, chacun contribue à peu près également à l'avantage de la ſociété; donc chacun doit y jouir de toute l'étendue de ſon droit naturel, conformément au bénéfice qui réſulte du concours des travaux de la ſociété; & ceux qui ne ſont pas en état d'y contribuer, doivent y participer à raiſon de l'aiſance que cette ſociété particuliere peut ſe procurer. Ces régles qui ſe manifeſtent d'elles-mêmes, dirigent la conduite du chef de famille pour réunir dans la ſociété l'ordre naturel & l'ordre de la juſtice. Il y eſt encore excité par des ſentimens de ſatisfaction, de tendreſſe, de pitié, &c. qui ſont autant d'indices des intentions de l'Auteur de la nature, ſur l'obſervation des régles qu'il preſcrit

aux hommes pour les obliger par devoir à
s'entre-fecourir mutuellement.

Si on confidere les hommes dans l'état
de multitude, où la communication entr'eux eft inévitable, & où cependant il
n'y auroit pas encore de loix pofitives qui
les réuniffent en fociété fous l'autorité
d'une Puiffance fouveraine, & qui les
affujettiffent à une forme de Gouvernement, il faut les envifager comme des
peuplades de Sauvages dans des deferts,
qui y vivroient des productions naturelles
du territoire, ou qui s'expoferoient par
néceffité aux dangers du brigandage, s'ils
pouvoient faire des excurfions chez des
Nations où il y auroit des richeffes à piller;
car dans cet état ils ne pourroient fe procurer des richeffes par l'Agriculture, ni
par les pâturages des troupeaux, parcequ'il n'y auroit pas de Puiffance tutelaire
pour leur en affurer la propriété. Mais il
faudroit au moins qu'il y eût entr'eux des
conventions tacites ou explicites pour

leur sûreté personnelle ; car les hommes ont, dans cet état d'indépendance, une crainte les uns des autres, qui les inquiete réciproquement, & sur laquelle ils peuvent facilement se rassurer de part & d'autre, parce que rien ne les intéresse plus que de se délivrer réciproquement de cette crainte. Ceux de chaque canton se voient plus fréquemment ; ils s'accoutument à se voir, la confiance s'établit entr'eux, ils s'entr'aident. ils s'allient par des mariages, & forment en quelque sorte des Nations particulieres, où tous sont ligués pour leur défense commune, & où d'ailleurs chacun reste dans l'état de pleine liberté & d'indépendance les uns envers les autres, avec la condition de leur sûreté personnelle entr'eux, & de la propriété de l'habitation & du peu d'effets ou ustensiles qu'ils ont chacun en leur possession & à leur garde particuliere.

Si leurs richesses de propriété étoient plus considérables & plus dispersées, ou plus exposées au pillage, la constitution

de ces Nations ne suffiroit pas pour leur
en assurer la propriété ; il leur faudroit
alors des loix positives écrites, ou de convention , & une autorité souveraine pour
les faire observer : car leurs richesses, fa-
ciles à enlever, & abandonnées à la fidélité
publique , susciteroient aux compatriotes
peu vertueux des desirs qui les porteroient
à violer le droit d'autrui.

La forme des sociétés dépend donc du
plus ou du moins de biens que chacun
possede , ou peut posséder, & dont il veut
s'assurer la conservation & la propriété.

Ainsi les hommes qui se mettent sous
la dépendance, ou plutôt sous la protection des loix positives & d'une autorité
tutelaire , étendent beaucoup leur faculté
d'être propriétaires ; & par conséquent
étendent beaucoup l'usage de leur droit
naturel , au lieu de le restreindre.

CHAPITRE V.

Du droit naturel des Hommes réunis en société sous une autorité souveraine.

Il y a des sociétés qui sont gouvernées, les unes par une autorité monarchique, les autres par une autorité aristocratique, d'autres par une autorité démocratique, &c. Mais ce ne sont pas ces différentes formes d'autorités qui décident de l'essence du droit naturel des hommes réunis en société, car les loix varient beaucoup sous chacune de ces formes. Les loix des Gouvernemens, qui décident du droit des Sujets, se réduisent presque toujours à des loix positives ou d'institution humaine : or ces loix ne sont pas le fondement essentiel & immuable du droit naturel ; & elles varient tellement, qu'il ne seroit pas possible d'examiner l'état du droit naturel des hommes sous ces loix. Il est même inutile de tenter d'entrer dans

cet examen : car là où les loix & la Puiſſance tutelaire n'aſſurent point la propriété &
la liberté , il n'y a ni Gouvernement, ni
ſociété profitables , il n'y a que domination & anarchie ſous les apparences d'un
Gouvernement ; les loix poſitives & la
domination y protégent & aſſurent les
uſurpations des forts , & annéantiſſent la
propriété & la liberté des foibles. L'état
de pure nature eſt alors plus avantageux
que cet état violent de ſociété , qui paſſe
par toutes les viſſicitudes de déreglo-
mens , de formes , d'autorités & de ſou-
verains. Ce qui paroît même ſi inévitable
que les hommes qui ſe livrent à la con-
templation de tous ces changemens, ſe
perſuadent intimément qu'il eſt dans l'ordre de la fatalité des Gouvernemens d'a-
voir leurs commencemens , leurs progrès ,
leur plus haut dégré de puiſſance , leur
déclin & leur fin. Mais ils ont dû remarquer auſſi que cet ordre eſt bien irrégulier , que les paſſages y ſont plus ou moins
rapides , plus ou moins uniformes , plus

ou moins inégaux , plus ou moins compliqués d'événemens imprévus , favorables ou défaftreux , plus ou moins dirigés ou fortuits , plus ou moins attribués à la prudence ou aux méprifes , aux lumieres ou à l'ignorance, à la fageffe ou aux paffions effrénées de ceux qui gouvernent : ainfi ils auroient dû en conclure au moins que le fatalifme des mauvais Gouvernemens n'eft pas une dépendance de l'ordre naturel & immuable, *l'archetype des Gouvernemens.*

Pour connoître l'ordre des temps & des lieux , pour régler la navigation & affurer le commerce , il a fallu obferver & calculer avec précifion les loix du mouvement des corps céleftes : il faut de même , pour connoître l'étendue du droit naturel des hommes réunis en fociété , fe fixer aux loix naturelles conftitutives du meilleur Gouvernement poffible. Ce Gouvernement auquel les hommes doivent être affujettis, confifte dans l'ordre naturel & dans l'ordre pofitif, les plus avantageux aux hommes réunis en fociété.

Les hommes réunis en société doivent donc être affujettis à des loix naturelles & à des loix pofitives.

Les loix naturelles font ou phyfiques, ou morales.

On entend ici par loi phyfique *le cours réglé de tout évenement phyfique de l'ordre naturel évidemment le plus avantageux au genre humain.*

On entend ici par loi morale *la régle de toute action humaine de l'ordre moral conforme à l'ordre phyfique évidemment le plus avantageux au genre humain.*

Ces loix forment enfemble ce qu'on appelle *la loi naturelle.* Tous les hommes & toutes les Puiffances humaines doivent être foumis à ces loix fouveraines, inftituées par l'Être Suprême : elles font immuables & irréfragables, & les meilleures loix poffibles ; (9) par conféquent

____

(9) L'ordre naturel le plus avantageux aux hommes, n'eft peut-être pas le plus avantageux aux autres animaux ; mais dans le droit illimité l'homme a celui de faire fa part la meilleure poffi-

la

la base du Gouvernement le plus parfait, & la régle fondamentale de toutes les loix positives ; car les loix positives ne font que des loix de manutention relatives à l'ordre naturel évidemment le plus avantageux au genre humain.

Les loix positives font des *régles authentiques établies par une autorité souveraine, pour fixer l'ordre de l'administration du Gouvernement, pour assurer la défense de la société, pour faire observer régulierement les loix naturelles, pour réformer ou maintenir les coutumes & les usages introduits dans la Nation, pour régler les droits particuliers des Sujets relativement à leurs différents états, pour déterminer l'ordre positif dans les cas douteux réduits à des probabilités d'opinion ou de convenance, pour asseoir les décisions de la Justice distributive.* Mais

---

ble. Cette supériorité appartient à son intelligence ; elle est de droit naturel, puisque l'homme la tient de l'Auteur de la nature, qui l'a décidé ainsi par les loix qu'il a instituées dans l'ordre de la formation de l'Univers.

C

la premiere loi positive, la loi fondamentale de toutes les autres loix positives, est *l'institution de l'instruction publique & privée des loix de l'ordre naturel*, qui est la régle souveraine de toute législation humaine & de toute conduite civile, politique, économique & sociale. Sans cette institution fondamentale les Gouvernemens & la conduite des hommes ne peuvent être que ténebres, égaremens, confusion & désordres : car sans la connoissance des loix naturelles, qui doivent servir de base à la législation humaine & de régles souveraines à la conduite des hommes, il n'y a nulle évidence de juste & d'injuste, de droit naturel, d'ordre physique & moral ; nulle évidence de la distinction essentielle de l'intérêt général & de l'intérêt particulier, de la réalité des causes de la prospérité & du dépérissement des Nations ; nulle évidence de l'essence du bien & du mal moral, des droits sacrés de ceux qui commandent & des devoirs de ceux à qui l'ordre social prescrit l'obéissance.

La légiſlation poſitive conſiſte donc dans la déclaration des loix naturelles, conſtitutives de l'ordre évidemment le plus avantageux poſſible aux hommes réunis en ſociété : on pourroit dire tout ſimplement le plus avantageux poſſible au Souverain ; car ce qui eſt réellement le plus avantageux au Souverain, eſt le plus avantageux aux Sujets. Il n'y a que la connoiſſance de ces loix ſuprêmes qui puiſſe aſſurer conſtamment la tranquillité & la proſpérité d'un Empire ; & plus une Nation s'appliquera à cette ſcience, plus l'ordre naturel dominera chez elle, & plus l'ordre poſitif y ſera régulier : on ne propoſeroit pas, chez une telle Nation, une loi déraiſonnable, car le Gouvernement & les Citoyens en appercevroient auſſi-tôt l'abſurdité.

Le fondement de la ſociété eſt la ſubſiſtance des hommes, & les richeſſes néceſſaires à la force qui doit les défendre : ainſi il n'y auroit que l'ignorance qui pût, par exemple, favoriſer l'introduction de

loix pofitives contraires à l'ordre de la réproduction & de la diftribution réguliere
& annuelle des richeffes du territoire
d'un Royaume. Si le flambeau de la raifon y éclaire le Gouvernement , toutes
les loix pofitives nuifibles à la fociété &
au Souverain, difparoîtront.

Il s'agit ici de la raifon exercée , étendue & perfectionnée par l'étude des loix
naturelles. Car la fimple raifon n'éleve
pas l'homme au-deffus de la bête ; elle
n'eft dans fon principe qu'une faculté ou
une aptitude , par laquelle l'homme peut
acquérir les connoiffances qui lui font néceffaires , & par laquelle il peut , avec ces
connoiffances , fe procurer les biens phyfiques & les biens moraux effentiels à la
nature de fon être. La raifon eft à l'ame
ce que les yeux font au corps : fans les
yeux l'homme ne peut jouir de la lumiere,
& fans la lumiere il ne peut rien voir.

La raifon feule ne fuffit donc pas à
l'homme pour fe conduire ; il faut qu'il
acquiere par fa raifon les connoiffances

qui lui font néceffaires , & que par fa raifon il fe ferve de ces connoiffances pour fe conduire dignement , & pour fe procurer les biens dont il a befoin. L'ignorance eft l'attribut primitif de l'homme brut & ifolé : dans la fociété elle eft la plus funefte infirmité des hommes ; elle y eft même un crime , parce que les hommes étant doués d'intelligence doivent s'élever à un ordre fupérieur à l'état des brutes ; elle y eft un crime énorme par fon délit , car l'ignorance eft la caufe la plus générale des malheurs du genre humain & de fon indignité envers l'Auteur de la nature , envers la lumiere éternelle , la fuprême raifon & la caufe premiere de tout bien.

Mais la raifon éclairée, conduite, & parvenue au point de connoître avec évidence la marche des loix naturelles , devient la régle néceffaire du meilleur Gouvernement poffible , où l'obfervation de ces loix fouveraines multiplieroit abondamment les richeffes néceffaires à la fubfif-

rance des hommes, & au maintien de l'autorité tutelaire, dont la protection garan-
tit, aux hommes réunis en société, la
propriété de leurs richesses, & la sûreté
de leurs personnes.

Il est donc évident que *le droit naturel
de chaque homme s'étend à raison de ce
que l'on s'attache à l'observation des meilleures loix possibles qui constituent l'ordre le
plus avantageux aux hommes réunis en société.*

Ces loix ne restreignent point la liberté
de l'homme, qui fait partie de son droit
naturel ; car les avantages de ces loix suprêmes sont manifestement l'objet du
meilleur choix de la liberté. L'homme ne
peut se refuser raisonnablement à l'obéissance qu'il doit à ces loix ; autrement sa
liberté ne seroit qu'une liberté nuisible à
lui-même & aux autres ; ce ne seroit que
la liberté d'un insensé qui, dans un bon
Gouvernement, doit être contenue & re-
dressée par l'autorité des loix positives de
la société.

Fin du Droit Naturel.

AVIS
DE L'ÉDITEUR.

ON vient de voir dans le Traité précédent, que l'observation des loix essentielles de l'ordre naturel évidemment le plus avantageux aux hommes réunis en société, peut seule donner à l'usage du droit naturel de l'homme toute l'extension dont il est susceptible. Il n'est donc point d'étude plus importante à l'homme, & plus digne d'occuper l'intelligence qui lui fut donnée par le Créateur, que celle de ces loix suprêmes qu'on ne saurait violer impunément, & dont l'observation est inséparable d'une récompense évidente & physique, comme les loix mêmes qui nous l'assurent. Mais pour s'inftruire à fond de ces loix dont la connaiffance eft fi néceffaire, pour être en état de fuivre leur marche & de la peindre, il faut remonter jufques aux premieres notions qui doivent fervir de bafe à la Science économique, il faut chercher & fe repréfenter jufqu'à ce qu'on les ait comprifes évidemment, quelles font les opérations fucceffives de la nature dans la réproduction annuelle des richeffes, & dans leur diftribution annuelle à toutes les claffes d'hommes réunis en fociété fous la protection d'une autorité fouveraine. /

C'eft à l'expofition & à l'explication de la fuite naturelle de ces faits, que le Traité que l'on va lire eft confacré. Si quelqu'un voulait s'épargner le travail d'étudier attentivement les vérités qu'il renferme, & croyait pouvoir se borner à saisir quelques principes généraux, il se trouverait au milieu des problêmes de la Science économique, comme un voyageur privé des secours de la Géometrie, qui en traversant la chaîne immense des Alpes ne peut estimer que de l'œil les différentes hauteurs des cimes élevées les unes au-dessus des autres, & n'en saurait acquérir ainsi qu'une connaissance imparfaite & indéterminée. Mais celui qui se sera bien approprié les régles du calcul économique, celui qui les possédera & pour qui elles seront devenues une science, envisagera les questions les plus compliquées de l'économie politique, avec la certitude de les résoudre exactement, comme un Géometre regarde

les distances & les hauteurs, dont son
art, qui corrige les erreurs séduisan-
tes de la perspective, mesure & cal-
cule avec précision les plus legeres
différences.

ANALYSE

DU

TABLEAU ÉCONOMIQUE.

Εὖ μὲν φερομένης τῆς γεωργίας, ἔρρωνται
καὶ αἱ ἄλλαι τέχναι ἅπασαι · ὅπου δ'ἂν ἀναγ-
κασθῇ ἢ γῆ χερσεύειν, ἀποσβέννυνται καὶ αἱ
ἄλλαι τέχναι σχεδόν τι καὶ κατὰ γῆν καὶ
κατὰ θάλατζιν.

ΣΩΚΡΑΤΗΣ ἐν Ξενοφον: Ξενοφωντι

Lorſque l'Agriculture proſpere, tous les autres
Arts fleuriſſent avec elle ; mais quand on aban-
donne la culture, par quelque cauſe que ce ſoit,
tous les autres travaux, tant ſur terre que ſur mer,
s'anéantiſſent en même tems.

SOCRATE dans XENOPHON.

ANALYSE

DE LA FORMULE ARITHMÉTIQUE

DU

TABLEAU ÉCONOMIQUE

De la distribution des dépenses annuelles d'une Nation agricole.

L A Nation est réduite à trois classes de Citoyens : la *classe productive*, la *classe des propriétaires*, & la *classe stérile*.

La *classe productive* est celle qui fait renaître par la culture du territoire les richesses annuelles de la Nation, qui fait les avances des dépenses des travaux de l'agriculture, & qui paye annuellement les revenus des propriétaires des terres. On renferme dans la dépendance de cette classe tous les travaux & toutes les dépenses qui s'y font jusqu'à la vente des productions à la premiere main ; c'est par cette vente qu'on connoît la valeur de la réproduction annuelle des richesses de la Nation.

La *classe des propriétaires* comprend le Souverain, les Possesseurs des terres & les Décimateurs. Cette classe subsiste par le revenu ou *produit net* de la culture, qui lui est payé annuellement par la classe productive, après que celle-ci a prélevé, sur la réproduction qu'elle fait renaître annuellement, les richesses nécessaires pour se rembourser de ses avances annuelles & pour entretenir ses richesses d'exploitation.

La *classe stérile* est formée de tous les Citoyens occupés à d'autres services & à d'autres travaux que ceux de l'agriculture ; & dont les dépenses sont payées par la classe productive & par la classe des propriétaires, qui eux-mêmes tirent leurs revenus de la classe productive.

Pour suivre & calculer clairement les rapports de ces différentes classes entre elles, il faut se fixer à un cas quelconque ;

car on ne peut établir un calcul pofitif fur
de fimples abftractions.

Suppofons donc un grand Royaume ,
dont le territoire porté à fon plus haut
degré d'agriculture , rapporteroit tous les
ans une réproduction de la valeur de *cinq
milliards* ; & où l'état permanent de cette
valeur feroit établi fur les prix conftans
qui ont cours entre les Nations commerçantes , dans le cas où il y a conftamment
une libre concurrence de commerce, & une
entiere fûreté de la propriété des richeffes
d'exploitation de l'agriculture (1).

-----

(1) L'étendue du territoire feroit d'environ
130 millions d'arpens de terres de différentes qualités ; le fonds de richeffes d'exploitation néceffaires pour tenir ce territoire en bonne valeur, feroit
d'environ *douze milliards* , & la population d'environ *trente millions* de perfonnes qui pourroient
fubfifter avec aifance, conformément à leur état,
du produit annuel de *cinq milliards*.

Mais il ne faut pas oublier que par-tout où la
population jouit d'une vie paifible, elle s'accroît
ordinairement au-delà du produit du territoire ;

Le *Tableau économique* renferme les trois classes & leurs richesses annuelles, & décrit leur commerce dans la forme qui suit.

CLASSE *productive.*	CLASSE *des Propriétaires.*	CLASSE *stérile.*
AVANCES *annuelles* de cette *classe*, montant à *deux milliards*, (2) qui ont produit *cinq milliards*, dont *deux milliards* en produit net ou revenu.	REVENU de *deux milliards* pour cette *classe* : il s'en dépense un *milliard* en achats à la *classe productive* & l'autre milliard en achats à la *classe stérile*.	AVANCES de cette *classe* de la somme *d'un milliard* qui se dépense par la *classe stérile* en achats de matieres premieres à la *classe productive*.

aussi la force d'un Etat & le nombre des Citoyens qui le composent , sont toujours assurés quand ils sont établis sur un fond de richesses d'exploitation suffisant pour l'entretien d'une riche culture. La conservation de ce fonds de richesses d'exploitation doit être le principal objet du Gouvernement économique ; car les revenus du Souverain & de la Nation en dépendent entierement , ainsi qu'il va être démontré par l'exposition de l'ordre régulier de la distribution des dépenses payées & entretenues par la réproduction annuelle.

(2) Les avances annuelles consistent dans les dépenses qui se font annuellement pour le travail

Ainsi

Ainsi la *classe productive* vend pour *un milliard* de productions aux *propriétaires* du *revenu*, & pour *un milliard* à la *classe stérile* qui y achete les matieres premieres de ses ouvrages, ci . . . . 2 milliards.

Le *milliard* que les *propriétaires* du *revenu* ont dépensé en achats à la *classe stérile*, est employé par cette classe, pour la subsistance des Agens dont elle est composée, en achats de productions prises à la *classe productive*, ci . . . . 1 milliard.

Total des achats faits par les *propriétaires* du *revenu* & par la *classe stérile* à la *classe productive*, ci . . . . 3 milliards.

de la culture; ces avances doivent être distinguées des avances primitives qui forment le fond de l'établissement de la culture, & qui valent environ cinq fois plus que les avances annuelles.

D

De ces *trois milliards* reçus par la *claſſe productive* pour *trois milliards* de productions qu'elle a vendues, elle en doit *deux milliards* aux propriétaires pour l'année courante du revenu, & elle en dépenſe *un milliard* en achats d'ouvrages pris à la *claſſe ſtérile*. Cette derniere claſſe retient cette ſomme pour le remplacement de ſes avances, qui ont été dépenſées d'abord à la *claſſe productive* en achats des matieres premieres qu'elle a employées dans les ouvrages. Ainſi ſes avances ne produiſent rien; elle les dépenſe, elles lui ſont rendues, & reſtent toujours en réſerve d'année en année.

Les matieres premieres & le travail pour les ouvrages montent les ventes de la *claſſe ſtérile* à *deux milliards*, dont *un milliard* eſt dépenſé pour la ſubſiſtance des Agens qui compoſent cette claſſe: & l'on voit qu'il n'y a là que conſommation ou anéantiſſement de productions & point de réproduction; car cette claſſe ne ſubſiſte que du payement ſucceſſif de la rétri-

bution dûe à son travail, qui est inséparable d'une dépense employée en subsistan-
ces, c'est-à-dire, *en dépenses de pure consommation, sans régénération de ce qui s'a-
néantit par cette dépense stérile, qui est prise
en entier sur la réproduction annuelle du territoire.* L'autre *milliard* est réservé pour le
remplacement de ses avances, qui, l'année suivante seront employées de nouveau à la *classe productive* en achats de matieres premieres pour les ouvrages que la
classe stérile fabrique.

Ainsi les *trois milliards* que la *classe productive* a reçu pour les ventes qu'elle a
faites aux *propriétaires du revenu* & à la
classe stérile, sont employés par la classe
productive au payement du revenu de
l'année courante de *deux milliards* & en
achats d'*un milliard* d'ouvrages qu'elle
paye à la *classe stérile.*

La marche de ce commerce entre les
différentes classes, & ses conditions essentielles ne sont point hypothétiques. Qui-
conque voudra réfléchir, verra qu'elles

D ij

font fidélement copiées d'après la nature: mais les *données* dont on s'eſt ſervi, & l'on en a prévenu , ne ſont applicables qu'au cas dont il s'agit ici.

Les divers états de proſpérité ou de dépériſſement d'une Nation agricole , offrent une multitude d'autres cas & par conſéquent d'autres *données* , dont chacune eſt le fondement d'un calcul particulier qui lui eſt propre en toute rigueur.

Celles d'où nous ſommes partis fixent , d'après la régle la plus conſtante dans l'ordre naturel , à *cinq milliards* la réproduction totale que la *claſſe productive* fait renaître annuellement avec *deux milliards* d'avances annuelles ſur un territoire tel que celui que nous avons décrit. Selon cette hypothèſe , les avances annuelles reproduiſent deux cent cinquante pour cent. Le revenu des propriétaires peut être alors égal aux avances annuelles. Mais ces données ont des conditions *ſine quabus non* ; elles ſuppoſent que la liberté du commerce ſoutient le débit des productions à un

bon prix, par exemple, le prix du bled
à 18 liv. le septier ; elles supposent d'ailleurs que le cultivateur n'ait à payer directement ou indirectement d'autres
charges que le revenu ; dont une partie ,
par exemple , les *deux septiémes*, doit former le *revenu* du Souverain. Selon ces
données sur un revenu total de deux milliards , la part du Souverain seroit de
572 millions (3) ; celle des propriétaires
seroit de *quatre septiémes* ou *un* milliard
144 millions ; celle des Décimateurs *d'un
septiéme* ou 286 millions, l'impôt compris.
Il n'y a aucune maniere d'établir l'impôt
qui puisse fournir un aussi grand revenu
public , sans causer aucun dépérissement

---

(3) Il est à remarquer qu'on ne comprend
point dans cette évaluation l'impôt qui se leve
sur les dixmes affermées. En l'ajoutant à ce calcul, on verra que les *deux septiémes* , qui forment
la part du Souverain, lui donneroient sans dégradation environ 650 millions d'impôt annuel.

dans la réproduction annuelle des richeffes de la Nation (4).

Les Propriétaires, le Souverain & toute
la Nation ont un grand intérêt que l'impôt foit établi en entier fur le revenu des
terres immédiatement ; car toute autre
forme d'impofition feroit contre l'ordre
naturel , parce qu'elle feroit préjudiciable à la réproduction & à l'impôt , & que
l'impôt retomberoit fur l'impôt même.
Tout eft affujetti ici bas aux loix de la nature : les hommes font doués de l'intelligence néceffaire pour les connoître & les
obferver ; mais la multiplicité des objets
exige de grandes combinaifons qui forment le fond d'une fcience évidente fort
étendue , dont l'étude eft indifpenfable

____

(4) S'il y avoit des biens fonds exempts de la
contribution de l'impôt , ce ne devroit être qu'en
confidération de quelques avantages pour le bien
de l'Etat , & alors cela devroit être compté comme faifant partie du revenu public ; auffi de telles
exemptions ne doivent avoir lieu qu'à bon titre.

pour éviter les méprifes dans la pratique.

Des *cinq milliards* de réproduction totale, les *propriétaires du revenu* & la *claffe ftérile* en ont acheté pour *trois milliards* pour leur confommation : ainfi il refte encore à la *claffe productive* pour *deux milliards* de productions ; cette claffe a acheté en outre pour *un milliard* d'ouvrages à la *claffe ftérile*, ce qui lui fait un fonds annuel de *trois milliards*, lequel eft confommé par les divers Agens occupés, aux différents travaux de cette claffe qui font payés par les avances annuelles de la culture , & aux diverfes réparations journalieres du fonds de l'établiffement qui font payées par les intérêts dont on va parler.

Ainfi la dépenfe annuelle de la claffe productive eft de *trois milliards*, favoir, *deux milliards* de productions qu'elle retient pour fa confommation , & *un milliard* d'ouvrages qu'elle a achetés à la claffe ftérile.

Ces *trois milliards* forment ce qu'on appelle LES REPRISES *de la claffe produc-*

tive ; dont *deux milliards* conftituent les
avances annuelles qui fe confomment
pour le travail direct de la réproduction
des *cinq milliards* que cette claffe fait renaître annuellement pour reftituer & perpétuer les dépenfes qui s'anéantiffent par
la confommation : *l'autre milliard* eft prélevé par cette même claffe fur fes ventes
pour les intérêts des avances de fon établiffement. On va faire fentir la néceffité
de ces intérêts.

1°. Le fonds des richeffes d'exploitation qui conftitue les avances primitives
eft fujet à un dépériffement journalier
qui exige des réparations continuelles ,
indifpenfablement néceffaires pour que
ce fonds important refte dans le même
état , & ne marche pas progreffivement
vers un anéantiffement total qui détruiroit la culture & par conféquent la réproduction, & par conféquent les richeffes de
l'État, & par conféquent auffi la population.

2°. La culture eft inféparable de plufieurs grands accidents qui détruifent

quelquefois prefqu'entierement la récolte ; telles font la gelée, la grêle, la nièle,
les inondations, la mortalité des beftiaux, &c. &c. Si les cultivateurs n'a-
voient aucun fonds en referve, il s'enfui-
vroit qu'après de tels accidents ils ne pourroient pas payer les Propriétaires & le
Souverain, ou qu'ils ne pourroient pas
fubvenir aux dépenfes dé leur culture l'année fuivante : ce dernier cas feroit celui
qui arriveroit toujours, attendu que le
Souverain & les Propriétaires ont l'autorité pour fe faire payer ; & l'on fent les
conféquences funeftes d'un pareil anéantiffement de culture qui retomberoit bientôt & fans reffource fur les Propriétaires,
fur le Souverain, fur les Décimateurs,
fur tout le refte de la Nation.

Les intérêts des avances de l'établiffement des cultivateurs doivent donc être
compris dans leurs *reprifes annuelles*. Ils
fervent à faire face à ces grands accidents
& à l'entretien journalier des richeffes

d'exploitation qui demandent à être reparées fans cesse.

On a remarqué plus haut (note 2, page 48) que les *avances primitives* étoient d'environ cinq fois plus fortes que les *avances annuelles* : dans l'hypothèfe actuelle où les *avances annuelles* font de *deux milliards*, les *avances primitives* font donc de *dix milliards*, les intérêts annuels d'*un milliard* ne font que fur le pied de dix pour cent. Si l'on confidere la quantité de dépenfes auxquels ils doivent fubvenir ; fi l'on fonge à l'importance de leur deftination ; fi l'on réfléchit que fans eux le payement des fermages & de l'impôt ne feroit jamais affuré, que la régénération des dépenfes de la fociété s'éteindroit, que le fonds de richeffes d'exploitation & par conféquent la culture difparoîtroient, que cette dévaftation anéantiroit la plus grande partie du genre humain, & renverroit l'autre vivre dans les forêts ; on fentira qu'il s'en faut beaucoup que le taux de dix pour cent pour les intérêts des *avances* périſſables de la culture, ſoit un taux trop fort.

Nous ne diſons pas que tous les cultivateurs retirent annuellement, outre leurs *avances annuelles*, dix pour cent, pour les *intérêts* de leurs avances primitives : mais nous diſons que telle eſt une des principales conditions d'un état de proſpérité ; que toutes les fois que cela n'eſt pas ainſi chez une Nation, cette Nation eſt dans le dépériſſement, & dans un dépériſſement progreſſif d'année en année, tel que, lorſque ſa marche eſt connue, on peut annoncer par le calcul le moment de l'entiere deſtruction. Nous diſons d'ailleurs qu'un fonds placé auſſi avantageuſement pour la Nation que celui des avances de ſa culture, doit par lui-même rapporter net aux Fermiers qui y joignent leurs travaux & l'emploi de leur intelligence, un intérêt annuel au moins auſſi fort que celui que l'on paye aux rentiers fainéans.

La somme totale de ces intérêts se dépense annuellement, parceque les cultivateurs ne les laissent point oisifs ; car dans les intervalles où ils ne sont pas obligés de les employer aux réparations, ils ne manquent pas de les mettre à profit pour accroître & améliorer leur culture, sans quoi ils ne pourroient pas subvenir aux grands accidents. Voilà pourquoi on compte les intérêts dans la somme des dépenses annuelles.

RÉSUMÉ.

Le total des *cinq milliards* partagé d'abord entre la *claſſe productive* & la *claſſe des propriétaires*, étant dépenſé annuellement dans un ordre régulier qui aſſure perpétuellement la même réproduction annuelle, il y a *un milliard* qui eſt dépenſé par les *propriétaires* en achats faits à la *claſſe productive*, & *un milliard* en achats faits à la *claſſe ſtérile :* la *claſſe productive* qui vend pour *trois milliards* de productions aux deux autres claſſes, en rend *deux milliards* pour le payement du revenu & en dépenſe *un milliard* en achats qu'elle fait à la claſſe ſtérile : ainſi la *claſſe ſtérile* reçoit *deux milliards* qu'elle emploie à la *claſſe productive* en achats pour la ſubſiſtance de ſes agens & pour les matieres premieres de ſes ouvrages ; & la *claſſe productive* dépenſe elle-même annuellement pour *deux milliards* de productions, ce qui complette la dépenſe ou la conſommation totale des *cinq milliards* de réproduction annuelle.

Tel eſt l'ordre régulier de la diſtribution de la dépenfe des *cinq milliards* que la *claffe produĉtive* fait renaître annuellement par la dépenfe de *deux milliards* d'avances annuelles, comprifes dans la dépenfe totale des *cinq milliards* de réproduĉtion annuelle.

On va préfentement offrir aux yeux du Leĉteur la formule arithmétique de la diftribution de cette dépenfe.

A la droite, en tête, eft la fomme des avances de la *claffe produĉtive*, qui ont été dépenfées l'année précédente, pour faire naître la récolte de l'année aĉtuelle. Au-deffous de cette fomme eft une ligne qui la fépare de la colonne des fommes que reçoit cette claffe.

A la gauche, font les fommes que reçoit la *claffe ftérile*.

Au milieu, en tête, eft la fomme du *revenu* qui fe partage à droite & à gauche, aux deux *claffes*, où elle eft dépenfée.

Le partage de dépenfe eft marqué par des lignes ponĉtuées qui partent de la fomme du revenu & vont en defcendant obliquement à l'une & à l'autre claffe. Au bout de

ces lignes eſt de part & d'autre la ſomme
que les propriétaires du revenu dépenſent en achats à chacune de ces claſſes.

Le commerce réciproque entre les deux
claſſes eſt marqué auſſi par des lignes ponc-
tuées qui vont en deſcendant obliquement de l'une à l'autre claſſe où ſe font les
achats ; & au bout de chaque ligne eſt la
ſomme que l'une des deux claſſes reçoit
de l'autre ainſi réciproquement par le
commerce qu'elles exercent entr'elles
pour leurs dépenſes (5).

Enfin le calcul ſe termine de chaque
côté par la ſomme totale de la recette de
chacune des deux claſſes. Et l'on voit que

____

(5) Chaque ſomme que reçoivent la *claſſe pro-*
ductive & la *claſſe ſtérile* ſuppoſe une double valeur, parcequ'il y a vente & achat, & par conſéquent la valeur de ce qui eſt vendu & la valeur
de la ſomme qui paye l'achat ; mais il n'y a de
conſommation réelle que pour la valeur des *cinq*
milliards qui forment le total de la recette de la
claſſe productive. Les ſommes d'argent qui paſſent
à chaque claſſe s'y diſtribuent par la circulation
d'une ſomme totale d'argent qui recommence
chaque année la même circulation. Cette ſomme
d'argent peut être ſuppoſée plus ou moins grande

dans le cas donné, lorfque la diftribution des dépenfes fuit l'ordre que l'on a décrit & détaillé ci devant, la recette de la claffe productive, en y comprenant fes avances, eft égale à la totalité de la réproduction annuelle, & que la culture, les richeffes, la population reftent dans le même état, fans accroit ni dépériffement. Un cas différent donneroit, comme on l'a dit plus haut, un réfultat différent.

---

dans fa totalité, & la circulation plus ou moins rapide; car la rapidité de la circulation de l'argent peut fuppléer en grande partie à la quantité de la maffe d'argent. Dans une année, par exemple, où, fans qu'il y eût de diminution dans la réproduction, il y auroit une grande augmentation du prix des productions, foit par des facilités données au commerce ou autrement; il ne feroit pas néceffaire qu'il y eût augmentation de la maffe pécuniaire pour le payement des achats de ces productions. Cependant il pafferoit dans les mains des acheteurs & des vendeurs de plus groffes fommes d'argent qui feroient croire à la plûpart que la maffe d'argent monnoyé feroit fort augmentée dans le Royaume. Auffi cette apparence équivalente à la réalité eft-elle fort myfterieufe pour le vulgaire.

FORMULE

FORMULE

Du Tableau économique.

RÉPRODUCTION totale. *Cinq Milliards.*

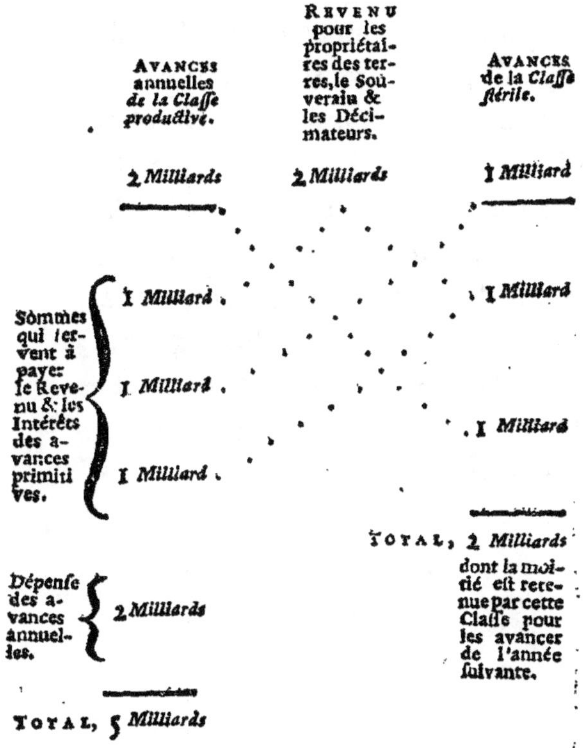

Si les propriétaires dépensoient plus à
la *classe productive* qu'à la *classe stérile* ,

E

pour améliorer leurs terres & accroître
leurs revenus , ce surcroît de dépenses
employé aux travaux de la classe productive devroit être regardé comme une addition aux avances de cette classe.

La dépense du revenu est supposée ici,
dans l'état de prospérité, se distribuer également entre la classe productive & la classe stérile , au lieu que la classe productive
ne porte qu'un tiers de sa dépense à la
classe stérile ; parceque les dépenses du
cultivateur sont moins disponibles que
celles du propriétaire : mais plus l'agriculture languit , plus alors on doit lui consacrer en partie les dépenses disponibles
pour la rétablir.

OBSERVATIONS
IMPORTANTES.

PREMIERE OBSERVATION.

On ne doit pas confondre les dépenses faites par les propriétaires à la *classe stérile*, & qui servent à la subsistance de cette *classe*, avec celles que les propriétaires font directement à la *classe productive* par eux-mêmes, par leurs commensaux & par les animaux qu'ils nourrissent ; car ces dépenses que font les propriétaires à la *classe productive* peuvent être plus profitables à l'agriculture que celles qu'ils font à la *classe stérile*.

Parmi les propriétaires du revenu, il y en a un grand nombre qui sont fort riches & qui consomment les productions du plus haut prix ; ainsi la masse de productions qu'ils consomment est en proportion beaucoup moins considérable que celle qui se consomme dans les autres

claſſes à plus bas prix. Les hommes qui
dépenſent le revenu & qui achetent ſi
cherement, doivent donc être auſſi à proportion beaucoup moins nombreux com-
parativement à la ſomme de leurs achats.
Mais leurs dépenſes ſoutiennent le prix
des productions de la meilleure qualité,
ce qui entretient par gradation le bon prix
des autres productions, à l'avantage des
revenus du territoire.

Il n'en eſt pas de même des grandes
dépenſes que les *propriétaires* peuvent faire
à la *claſſe ſtérile* ; & c'eſt ce qui conſtitue
la différence du luxe de ſubſiſtance & du
luxe de décoration. Les effets du premier
ne ſont pas à craindre comme ceux de
l'autre.

Celui qui achete un litron de petits
pois 100 liv. les paie à un cultivateur qui
les emploie en dépenſes de culture à l'a-
vantage de la réproduction annuelle. Celui qui achete un galon d'or 100 liv. le
paye à un ouvrier qui en emploie une partie à racheter chez l'Etranger la matiere

première ; il n'y a que l'autre partie , employée en achats pour fa fubfiſtance, qui retourne à la *claſſe produďive ;* & ce retour même n'eſt pas auſſi avantageux que l'auroit été la dépenſe direďe du propriétaire à la *claſſe produďive :* car l'ouvrier n'achete pas pour fa fubfiſtance des produďions de haut prix & ne contribue donc pas , ainſi que fait le propriétaire , à entretenir la valeur & les revenus des bonnes terres qui ont la propriété de produire des denrées précieuſes. Quant à ce qui a paſſé en achats chez l'Etranger, s'il revient à la *claſſe produďive*, comme cela arrive en effet , du moins en partie , chez les Nations où il y a réciprocité de commerce de produďions (6) , c'eſt tou-

---

(5) Ce qui n'eſt pas ordinaire dans le commerce des Indes Orientales ; fi ce n'eſt lorſqu'il fe fait par des Commerçants étrangers qui nous vendent ce qu'ils y ont acheté, & qui employent chez nous , en achats de produďions , l'argent même avec lequel nous avons payé leurs marchandiſes des Indes. Mais il n'en eſt pas de même lorſque ce

jours avec la charge des frais de commerce qui y caufent une diminution, & empêchent ce retour d'être complet.

---

commerce fe fait par nos Commerçants régnicoles, dont le trafic fe borne entre nous & les Indiens Orientaux qui ne veulent que de l'argent.

DEUXIEME OBSERVATION.

Les dépenses de simple consomma-tion sont des dépenses qui s'anéantissent elles-mêmes sans retour; elles ne peuvent être entretenues que par la *classe produc-tive*, qui, quant à elle, peut se suffire à elle-même : ainsi elles doivent, quand elles ne sont pas employées à la réproduc-tion, être regardées comme des dépenses *stériles*, & même comme nuisibles, ou comme dépenses de luxe, si elles sont su-perflues & préjudiciables à l'agriculture.

La plus grande partie des dépenses des *propriétaires* sont au moins des dépenses *stériles*; on n'en peut excepter que celles qu'ils font pour la conservation & l'amé-lioration de leurs biens & pour en accroî-tre la culture. Mais comme ils sont de droit naturel chargés des soins de la régie & des dépenses pour les réparations de leur pa-trimoine, ils ne peuvent pas être confon-dus avec la partie de la population qui forme la classe purement stérile.

E iv

TROISIEME OBSERVATION.

DANS l'état de prospérité d'un Royaume dont le territoire seroit porté à son plus haut degré possible de culture, de liberté & de facilité de commerce, & où par conséquent le revenu des *propriétaires* ne pourroit plus s'accroître, ceux-ci pourroient en dépenser *la moitié* en achats à la *classe stérile*. Mais si le territoire n'étoit pas complettement cultivé & amélioré, si les chemins manquoient, s'il y avoit des rivieres à rendre navigables & des canaux à former pour le voiturage des productions ; ils devroient s'épargner sur leurs dépenses à la *classe stérile*, pour accroître par les dépenses nécessaires leurs revenus & leurs jouissances autant qu'il seroit possible. Jusqu'à ce qu'ils y fussent parvenus, leurs dépenses superflues à la *classe stérile* seroient des dépenses de luxe, préjudiciables à leur opulence & à la prospérité de la Nation ; car tout ce qui est désavantageux à l'agriculture est préjudiciable à la Nation & à

l'Etat, & tout ce qui favorife l'agriculture eft profitable à l'Etat & à la Nation.
C'eft la néceffité des dépenfes que les
propriétaires feuls peuvent faire pour l'accroiffement de leurs richeffes & pour le
bien général de la fociété, qui fait que la
fûreté de la propriété fonciere eft une condition effentielle de l'ordre naturel du
Gouvernement des Empires.

La politique féodale a jadis envifagé
cette propriété fonciere comme fondement de la force militaire des Seigneurs,
mais elle n'a fongé qu'à la propriété du
terrein; delà tant de coutumes & tant de
loix bifarres dans l'ordre des fuceffions
des biens fonds, qui fubfiftent encore
malgré les changemens arrivés dans la
Monarchie, tandis qu'on a été fi peu
attentif à la fûreté de la propriété des richeffes mobiliaires néceffaires pour la
culture qui peut feule faire valoir les
biens fonds. On n'a pas affez vu que le
véritable fondement de la force militaire
d'un Royaume eft la profpérité même
de la Nation.

Rome a su vaincre & subjuguer beaucoup de Nations, mais elle n'a pas su *gouverner*. Elle a spolié les richesses de l'agriculture des pays soumis à sa domination : dès lors sa force militaire a disparu, ses conquêtes qui l'avoient enrichie lui ont été enlevées ; & elle s'est trouvée livrée elle-même sans défense au pillage & aux violences de l'ennemi.

QUATRIEME OBSERVATION.

Dans l'ordre régulier que nous suivons ici, toute la somme des achats qui se font annuellement par les *propriétaires* & par la *classe stérile* revient annuellement à la *classe productive*, pour payer chaque année aux *propriétaires* le revenu de *deux milliards*, & pour lui payer à elle-même les intérêts de ses avances primitives & annuelles.

On ne pourroit rien soustraire à cette distribution de dépenses au désavantage de l'agriculture, ni rien soustraire des reprises du cultivateur, par quelque exaction ou par quelques entraves dans le commerce, qu'il n'arrivât du dépérissement dans la réproduction annuelle des richesses de la Nation & une diminution de population facile à démontrer par le calcul. Ainsi *c'est par l'ordre de la distribution des dépenses, selon qu'elles reviennent ou qu'elles sont soustraites à la* classe *productive, selon qu'elles augmentent ses avan-*

ces, ou qu'elles les diminuent, *selon qu'elles foutiennent ou qu'elles font baiffer le prix des productions , qu'on peut calculer les effets de la bonne ou mauvaife conduite d'une Nation.*

La *claffe ftérile* ne peut dépenfer pour la fubfiftance de fes agens qu'environ la moitié des *deux millia. ds* qu'elle reçoit, parceque l'autre moitié eft employée en achats de matieres premieres pour fes ouvrages. Ainfi cette claffe ne forme qu'environ un quart de la Nation.

Nous avons obfervé que fur les reprifes de *trois milliards* de la *claffe productive*, il y en a *un milliard* pour les intérêts des avances primitives & annuelles de cette claffe, lequel eft employé continuellement à la réparation de ces avances : ainfi il ne refte à cette claffe qu'environ *deux milliards* pour la dépenfe de fes propres agens immédiats, qui par conféquent font environ le double de ceux de la *claffe ftérile :* mais chacun avec l'aide des animaux de travail, y fait naître une réproduction qui peut faire subsister huit hommes, c'est-à-dire sa famille, qui peut être supposée de quatre personnes, & une autre famille de pareil nombre de personnes appartenant à la *classe stérile* ou à la *classe des propriétaires*.

Si on veut entrer dans un examen plus détaillé de la distribution des dépenses d'une Nation, on le trouvera dans la *Philosophie rurale*, chap. 7. On y verra qu'outre les *cinq milliards* qui forment ici la portion de la Nation, il y a d'autres dépenses : tels sont les frais de commerce & la nourriture des animaux de travail employés à la culture. Ces dépenses ne sont pas comprises dans la distribution des dépenses représentées dans le tableau, & étant ajoutées à celles-ci elles font monter la valeur totale de la réproduction annuelle à *six milliards trois cent soixante & dix millions*. Mais il est à remarquer à cet égard que les frais du commerce peuvent augmenter au désavantage ou diminuer au profit de la Nation, selon que cette partie est ou n'est pas dirigée contradictoirement à l'ordre naturel.

CINQUIEME OBSERVATION.

On a supposé dans l'état des dépenses que l'on vient d'exposer, que la Nation ne commerce que sur elle-même : or il n'y a point de Royaume dont le territoire produise toutes les richesses propres à la jouissance de ses habitans ; de sorte qu'il faut un commerce extérieur, par lequel une Nation vend à l'Etranger une partie de ses productions pour acheter de l'Etranger celles dont elle a besoin. Cependant comme elle ne peut acheter de l'Etranger qu'autant qu'elle vend à l'Etranger, l'état de ses dépenses doit toujours être conforme à la réproduction qui renaît annuellement de son territoire. Les calculs de ces dépenses peuvent donc être régulierement établis sur la quotité de cette réproduction même, abstraction faite de tout commerce extérieur dont les détails sont indéterminés, incalculables & inutiles à rechercher ; il suffit de faire attention que dans l'état d'une libre con-

currence de commerce extérieur, il n'y
a qu'échange de valeur pour valeur égale,
fans perte ni gain de part ou d'autre.

Quant aux frais de voiturage, la Nation & l'Etranger les paient de part &
d'autre dans leurs ventes ou dans leurs
achats : & ils forment pour les Commerçants un fonds féparé de celui de la Nation : parceque dans le commerce extérieur des Nations agricoles, tout Négo-
ciant eft étranger relativement aux intérêts de ces Nations. Ainfi un Royaume
agricole & commerçant réunit deux Nations diftinctes l'une de l'autre : l'une forme la partie conftitutive de la fociété
attachée au territoire qui fournit le revenu, & l'autre eft une addition extrin-
féque qui fait partie de la République
générale du commerce extérieur, employée & défrayée par les Nations agricoles. Les frais de ce commerce, quoique
néceffaires, doivent être regardés comme
une dépenfe onéreufe, prélevée fur le revenu des propriétaires des terres; ainfi
ils

ils doivent être dégagés de tout monopole & de toutes surcharges qui retomberoient désastreusement sur les revenus des Souverains & des autres Propriétaires.

Dans l'état de libre concurrence de commerce extérieur, les prix qui ont cours entre les Nations commerçantes, doivent être la base du calcul des richesses & des dépenses annuelles des Nations qui ont un commerce facile & immune (7). Le commerce extérieur est plus ou moins *étendu*

---

(7) C'est-à-dire exempt de toutes contributions fiscales, seigneuriales, &c. de monopoles, d'appointemens d'Inspecteurs & d'autres Officiers inutiles. Le commerce, comme l'agriculture, ne doit avoir d'autre Gouvernement que l'ordre naturel. Dans tout acte de commerce, il y a le vendeur & l'acheteur qui stipulent contradictoirement & librement leurs intérêts; & leurs intérêts ainsi réglés par eux-mêmes, qui en sont seuls Juges compétens, se trouvent conformes à l'intérêt public: toute entremise d'Officiers, revêtus d'autorité, y est étrangere, & d'autant plus dangereuse qu'on y doit craindre l'ignorance & des motifs encore plus redoutables. Le monopole dans le commerce & dans l'agriculture n'a que trop souvent trouvé des protecteurs; la plantation des vignes, la vente des eaux

F

ſelon la diverſité des conſommations des habitans, & ſelon que les productions du pays ſont plus ou moins variées. Plus les productions d'un Royaume ſont variées, moins il y a d'exportations & d'importations, & plus la Nation épargne ſur les frais du commerce extérieur qui cependant doit être toujours fort libre, débarraſſé de toutes gênes & exempt de toutes impoſitions, parceque ce n'eſt que par la communication qu'il entretient entre les Nations, qu'on peut s'aſſurer conſtamment dans le commerce intérieur le meilleur prix poſſible des productions du territoire, & le plus grand revenu poſſible pour le Souverain & pour la Nation.

---

de vie de cidre, la liberté du commerce des grains, l'entrée des marchandiſes de main-d'œuvre étrangeres, ont été prohibées ; les manufactures du Royaume ont obtenu des priviléges excluſifs au préjudice les unes des autres ; on a contraint les Entrepreneurs des manufactures à employer des matieres premieres étrangeres à l'excluſion de celles du pays, &c. &c. ; de fauſſes lueurs ont brillé dans l'obſcurité, & l'ordre naturel a été interverti par des intérêts particuliers toujours cachés & toujours ſollicitans ſous le voile du bien général.

SIXIEME OBSERVATION.

ON peut voir les mêmes productions
passer plusieurs fois par les mains des Marchands & des Artisans ; mais il faut faire
attention que ces répétitions de ventes &
d'achats qui multiplient infructueusement la *circulation*, ne font que transpo-
sition de marchandises, & augmentation
de frais, sans production de richesses. Le
compte des productions se réduit donc à
leur quantité & aux prix de leurs ventes
de la premiere main.

Plus ces prix sont assujettis à l'ordre naturel, & plus ils font constamment hauts,
plus aussi ils font profitables dans les
échanges que l'on fait avec l'Etranger,
plus ils animent l'agriculture (8), plus
ils soutiennent la valeur des différentes
productions du territoire, plus ils accroîf-

____

(8) L'intérêt du cultivateur est le premier
ressort de toutes les opérations économiques & de
tous les succès de l'agriculture : plus les productions font constamment à haut prix, plus le retour annuel des reprises des fermiers est assuré,

fent les revenus du Souverain & des Propriétaires, plus auffi ils augmentent le numéraire de la Nation, & la maffe des falaires payés pour la rétribution dûe au travail ou à l'emploi de ceux qui ne font pas poffeffeurs primitifs des productions.

L'emploi de ces falaires bien ou mal diftribués, contribue beaucoup à la profpérité ou à la dégradation d'un Royaume, à la régularité ou au déréglement des mœurs d'une Nation, & à l'accroiffement ou à la diminution de la population. Les hommes peuvent être obfédés dans les campagnes & attirés par le luxe & la volupté dans la Capitale, ou bien ils peuvent être également répandus dans les Provinces. Dans ce dernier cas ils peuvent entretenir la confommation proche de la production ; au lieu que dans l'autre cas, ils ne peuvent éviter les grandes dépenfes

plus la culture s'accroît, & plus les terres rapportent de revenu, tant par le bon prix des productions, que par l'augmentation de la réproduction annuelle : plus la réproduction accroît, plus les richeffes de la Nation fe multiplient, & plus la puiffance de l'Etat augmente.

de charrois qui font tomber les productions à bas prix dans les ventes de la premiere main & font décroître les revenus
du territoire, la maffe des falaires & la
population.

Le commerce de revendeur peut s'étendre felon l'activité & les facultés des
Commerçans ; mais celui d'une Nation
agricole eft réglé par la réproduction annuelle de fon territoire. Les profits en
pur bénéfice des Commerçans régnicoles
ne doivent donc point fe confondre avec
les richeffes de la Nation ; puifque celles-
ci ne peuvent s'étendre annuellement au-
delà du débit de la réproduction actuelle
de fon territoire affujettie aux prix cou-
rans des ventes de la premiere main. Le
Commerçant tend à acheter au plus bas
prix & à revendre au plus haut prix poffible, afin d'étendre fon bénéfice le plus,
qu'il eft poffible aux dépens de la Nation :
fon intérêt particulier & l'intérêt de la Nation font oppofés. Ce n'eft pas cependant
que le corps entier des Commerçans, &

même que chaque membre de ce corps
immenfe n'ait , en regardant la chofe en
grand & dans fa véritable étendue , un
intérêt très réel à ce que les productions
foient conftamment vendues à la premiere main le plus haut prix qu'il eft poffible : car plus elles font vendues à haut
prix & plus la culture donne de produit
net ; plus la culture donne de produit net,
& plus elle eft profitable ; plus la culture
eft profitable & plus elle s'étend de toutes
parts , plus elle fait renaître de production , plus elle fournit de reprifes pour
les Cultivateurs , de revenu pour le Souverain , pour les Propriétaires , pour les
Décimateurs , & de falaires pour tous les
autres ordres des Citoyens , plus les dépenfes de toute efpece fe multiplient ,
plus le commerce acquiert d'objets , d'occafions & d'activité , & par conféquent
plus la fomme totale des gains des Commerçans augmente par l'effet même de la
concurrence , qui , dans chaque circonftance particuliere , empêche ces gains

d'être excessifs au préjudice des prix des productions. Mais il y a bien peu de Commerçans qui portent si loin leurs regards, & encore moins qui soient capables de sacrifier un gain présent à la certitude de ces grands avantages futurs. Aussi ne sont-ce point les Commerçans, mais les besoins des Consommateurs & les moyens qu'ils ont d'y satisfaire, qui assurent primitivement les prix des productions à la vente de la premiere main. Les Négocians ne font point naître les prix, ni la possibilité du commerce ; mais c'est la possibilité du commerce & de la communication des prix qui fait naître les Négocians (9).

------

(9) Il en est de ceux-ci comme de la corde d'un puits & de l'usage qu'on en fait, qui ne font point la source de l'eau qui est dans le puits ; tandis qu'au contraire c'est l'eau qui est dans le puits, jointe à la connoissance & au besoin qu'on en a, qui est la cause de l'usage qu'on fait de la corde. Les hommes éclairés ne confondent pas les causes avec les moyens.

F iv

SEPTIEME OBSERVATION.

No u s n'avons point parlé de la maſſe d'argent monnoyé qui circule dans le commerce de chaque Nation ; & que le vulgaire regarde comme la vraie richeſſe des Etats, parceque *avec de l'argent on peut acheter*, dit-on, *tout ce dont on a beſoin :* mais on ne ſe demande pas avec quoi on peut ſe procurer de l'argent ; cependant cette richeſſe ne ſe donne pas pour rien, elle coute autant qu'elle vaut à celui qui l'achete. C'eſt le commerce qui l'apporte aux Nations qui n'ont pas de mines d'or ou d'argent : mais ces Nations mêmes n'auroient ni or ni argent, ſi elles n'avoient pas de quoi les payer ; & elles en auront toujours autant qu'elles voudront en acheter, ou qu'il leur conviendra d'en acheter, ſi elles ont des productions à donner en échange.

Je dis autant qu'il leur conviendra d'en acheter ; car l'argent n'eſt pas la richeſſe dont les hommes ont beſoin pour leur

Jouiſſance. Ce ſont les biens néceſſaires à
la vie & à la réproduction annuelle de ces
biens mêmes, qu'il faut obtenir. Convertir
des productions en argent pour ſouſtraire
cet argent aux dépenſes profitables à
l'agriculture, ce ſeroit diminuer d'autant
la réproduction annuelle des richeſſes. La
maſſe d'argent ne peut accroître dans une
Nation qu'autant que cette réproduction
elle-même s'y accroît ; autrement l'accroiſſement de la maſſe d'argent ne pourroit ſe faire qu'au préjudice de la réproduction annuelle des richeſſes. Or le décroiſſement de cette réproduction entraî-
neroit néceſſairement, & bientôt, celui de
la maſſe d'argent & l'appauvriſſement de
la Nation ; au lieu que la maſſe d'argent
peut décroître dans une Nation ſans qu'il
y ait décroiſſement de richeſſes chez cette
Nation, parcequ'on peut en bien des
manieres ſuppléer à l'argent quand on eſt
riche & qu'on a un commerce facile &
libre : mais rien ne peut ſuppléer, ſans
perte, au défaut de réproduction an-

nuelle des richesses propres à la jouissance des hommes. On doit même présumer que le pécule d'une Nation pauvre doit être à proportion plus considérable que celui d'une Nation riche : car il ne leur en reste à l'une & à l'autre que la somme dont elles ont besoin pour leurs ventes & pour leurs achats. Or chez les Nations pauvres on a beaucoup plus besoin de l'entremise de l'argent dans le commerce ; il faut y payer tout comptant, parceque l'on ne peut s'y fier à la promesse de presque personne. Mais chez les Nations riches, il y a beaucoup d'hommes connus pour riches & dont la promesse par écrit est regardée comme très sûre & bien garantie par leurs richesses ; de sorte que toutes les ventes considérables s'y font à crédit, c'est-à-dire par l'entremise de papiers valables qui suppléent à l'argent & facilitent beaucoup le commerce. Ce n'est donc pas par le plus ou le moins d'argent qu'on doit juger de l'opulence des Etats : aussi estime-t-on qu'un pécule égal au revenu des

propriétaires des terres, est beaucoup plus
que suffisant pour une Nation agricole où
la circulation se fait régulierement, & où
le commerce s'exerce avec confiance &
une pleine liberté (10).

---

(10) On remarque que le pécule d'Angleterre
reste fixé à-peu-près à cette proportion, qui,
dans l'état présent de ses richesses, le soutient environ à 26 millions sterlings, ou à 11 millions de
marcs d'argent. Cette richesse en argent ne doit
pas en imposer dans un pays où le commerce de revente & de voiturage domine, & où il faut distin-
guer le pécule des Commerçans de celui de la
Nation. Ces deux parties n'ont rien de commun;
si ce n'est qu'autant que les Commerçans veulent
bien vendre à intérêt leur argent à la Nation qui
a fondé ses forces militaires sur les emprunts, ce
qui n'est pas une preuve de la puissance réelle
d'un Etat. Si cette Nation s'est trouvée exposée
par ses guerres à des besoins pressans, & à des
emprunts excessifs, ce n'étoit pas par le défaut de l'argent, c'étoit par les dépenses qui excé-
doient le revenu public. Plus les emprunts suppléent
aux revenus, plus les revenus se trouvent sur-
chargés par les dettes ; & la Nation se rui-

Quant à la République commerçante universelle répandue dans les différens pays, & quant aux petites Nations pure-

---

neroit, si la source même des revenus en souf-froit un dépérissement progressif, qui diminuât la reproduction annuelle des richesses. C'est sous ce point de vûe qu'il faut envisager l'état des Nations ; car c'est par les revenus du territoire qu'il faut juger de la prospérité & de la puissance réelle d'un Empire. Le pécule est toujours renaissant dans une Nation où les richesses se renouvellent continuellement & sans dépérissement.

Pendant près d'un siecle, c'est-à-dire, depuis 1444 jusqu'à 1525, il y a eu en Europe une grande diminution dans la quantité de l'argent, comme on peut en juger par le prix des marchandises en ce temps là ; mais cette moindre quantité de pécule étoit indifférente aux Nations ; parceque la valeur vénale de cette richesse étoit la même partout, & que, par rapport à l'argent, leur état étoit le même relativement à leurs revenus, qui étoient partout également mesurés par la valeur uniforme de l'argent. Dans ce cas, il vaut mieux, pour la commodité des hommes, que ce soit la valeur qui supplée à la masse, que si la masse suppléoit à la valeur.

ment commerçantes qui ne font que des parties de cette République immenfe, & qui peuvent en être regardées comme les

---

Il n'eft pas douteux que la découverte de l'Amérique a procuré en Europe une plus grande abondance d'or & d'argent ; cependant leur valeur avoit commencé à baiffer très fenfiblement par rapport aux marchandifes, avant l'arrivée de l'or & de l'argent de l'Amérique en Europe. Mais toutes ces variétés générales ne changent rien à l'état du pécule de chaque Nation, qui fe proportionne toujours aux revenus des biens fonds ; abftraction faite de celui qui fait partie du fond du commerce extérieur des Négocians, & qui circule entre les Nations, comme celui d'une Nation circule entre les Provinces du même Royaume.

Le pécule de ces Négocians circule auffi entre la Métropole & fes Colonies, ordinairement fans y accroître les richeffes de part ni d'autre ; quelquefois même en les diminuant beaucoup, furtout lorfqu'il y a exclufion de la concurrence des Commerçans de tout pays. Dans ce cas le monopole accroît le pécule des Commerçans qui l'exercent fur la Métropole & fur les Colonies, & diminue celui des Colonies & de leur Métropole. Celle-ci néanmoins oublie que les Négocians ne

villes capitales , ou , si l'on veut , comme
les principaux comptoirs , la masse de
leur argent monnoyé est proportionnée à

---

lui donnent pas leur argent pour rien , & qu'ils
lui revendent au contraire toute sa valeur cet argent qu'ils ont gagné à ses dépens : Elle se laisse
persuader que comme ses Négocians sont natio-
naux, c'est elle-même qui profite du monopole
qu'on exerce sur elle & sur ses Colonies , & qui
diminue leurs richesses & le prix des productions
de son propre territoire. Ces idées perverses &
absurdes ont causé depuis quelques siecles un
grand désordre en Europe.

Dans le siecle précédent , sous Louis XIV ,
le marc d'argent monnoyé valoit 28 liv. Ainsi
18,600,000 de marcs d'argent valoient alors
environ 500 millions. C'étoit à-peu-près l'état du
pécule de la France dans ce temps où le Royaume
étoit beaucoup plus riche que sur la fin du regne
de ce Monarque.

En 1716 , la refonte générale des especes ne
monta pas à 400 millions : le marc d'argent monnoyé étoit à 43 liv. 12 sols ; ainsi la masse des
especes de cette refonte ne montoit pas à neuf
millions de marcs ; c'étoit plus de moitié moins
que dans les refontes générales de 1683 & 1693.
Cette masse de pécule n'aura pû augmenter par

l'étendue de leur commerce de revente ; elles augmentent cette masse autant qu'elles peuvent , par leurs profits & par

---

les fabrications annuelles d'especes , qu'autant que le revenu de la Nation aura augmenté. Quelque considérable que soit le total de ces fabrications annuelles depuis cette refonte , il aura moins servi à augmenter la masse d'argent monnoyé , qu'à réparer ce qui en est enlevé annuellement par la contrebande , par les diverses branches de commerce passif , & par d'autres emplois de l'argent chez l'Etranger ; car depuis cinquante ans , le total de ces transmissions annuelles bien calculé , se trouveroit fort considérable. L'augmentation du numéraire qui est fixée depuis longtems à 54 liv. , ne prouve pas que la quantité du pécule de la Nation ait beaucoup augmenté ; puisqu'augmenter le numéraire c'est tâcher de suppléer à la réalité par la dénomination.

Ces observations, il est vrai , sont peu conformes aux opinions du vulgaire sur la quantité d'argent monnoyé d'une Nation. Le peuple croit que c'est dans l'argent que consiste la richesse d'un Etat : mais l'argent, comme toutes les autres productions , n'est richesse qu'à raison de sa valeur vénale , & n'est pas plus difficile à acquérir que toute autre marchandise , en le payant par d'au-

leur épargne, pour accroître le fonds de leur commerce ; l'argent eſt leur propre patrimoine ; les Commerçans ne l'employent dans leurs achats que pour le retirer avec bénéfice dans leurs ventes. Ils ne peuvent donc augmenter leur pécule qu'aux dépens des Nations avec leſquelles ils commercent ; il eſt toujours en reſerve entre leurs mains ; il ne ſort

___

tres richeſſes. Sa quantité dans un Etat y eſt bornée à ſon uſage, qui y eſt réglé par les ventes & les achats que fait la Nation dans ſes dépenſes annuelles ; & les dépenſes annuelles de la Nation ſont réglées par les revenus. Une Nation ne doit donc avoir d'argent monnoyé qu'à raiſon de ſes revenus ; une plus grande quantité lui ſeroit inutile ; elle en échangeroit le ſuperflu avec les autres Nations, pour d'autres richeſſes qui lui ſeroient plus avantageuſes ou plus ſatisfaiſantes ; car les poſſeſſeurs de l'argent, même les plus économes, ſont toujours attentifs à en retirer quelque profit. Si on trouve à le prêter dans le pays à un haut intérêt, c'eſt une preuve qu'il n'y eſt tout au plus que dans la proportion que nous avons obſervée, puiſqu'on en paye l'uſage ou le beſoin à ſi haut prix.

de

de leurs comptoirs & ne circule que pour y revenir avec accroissement ; ainsi cet argent ne peut faire partie des richesses des Nations agricoles toujours bornées à leur réproduction , sur laquelle elles payent continuellement les gains des Commerçans. Ceux-ci, en quelque pays que soit leur habitation , sont liés à différentes Nations par leur commerce, c'est leur commerce même qui est leur patrie & le dépôt de leurs richesses ; ils achetent & vendent où ils résident & où ils ne résident pas ; l'étendue de l'exercice de leur profession n'a point de limites déterminées & point de territoire particulier. Nos Commerçans sont aussi les Commerçans des autres Nations ; les Commerçans des autres Nations sont aussi nos Commerçans ; & les uns & les autres commercent aussi entr'eux : ainsi la communication de leur commerce pénétre & s'étend par-tout , en visant toujours finalement vers l'argent, que le commerce lui-même apporte & distribue dans les

G

Nations conformément aux prix affujettis à l'ordre naturel qui régle journellement les valeurs vénales des productions. Mais les Nations agricoles ont un autre point de vue, plus utile pour elles & plus étendu, elles ne doivent tendre qu'à la plus grande réproduction poffible pour accroître & perpétuer les richeffes propres à la jouiffance des hommes ; l'argent n'eft pour elles qu'une petite richeffe intermédiaire qui difparoîtroit en un moment fans la réproduction.

Fin de l'Analyfe du Tableau économique.

MAXIMES

GÉNÉRALES

DU GOUVERNEMENT

ÉCONOMIQUE

D'UN ROYAUME AGRICOLE.

AVIS

DE L'ÉDITEUR.

LE Droit naturel des hommes leur indique un ordre social physique, fondé invariablement & pour le plus grand avantage de l'humanité sur des loix naturelles & constitutives d'un Gouvernement parfait. Nous venons de voir la marche de l'ordre social physique exposée dans le Tableau économique. Les Maximes générales suivantes réunissent les principales loix naturelles & immuables *Conformes à* ~~qui forment~~ l'ordre évidemment le plus avantageux aux hommes réunis en société. Les Notes qui y sont jointes y ajoutent encore des développemens. Tous ces ouvrages sont intimément liés, & forment un ensemble complet, comme les raci-

nes, le tronc, les branches & les
feuilles d'un arbre fécond & vigoureux fait, j'ofe le dire, pour durer
autant que le monde, & pour enrichir par des fruits toujours abon-
dans les hommes qui voudront en
profiter.

Nous voici arrivés dans ce Recueil à la partie la plus intéref-
fante pour le plus grand nombre des
Lecteurs qui ne demandent que des
réfultats & à qui leurs occupations
ne permettent pas de faifir autre
chofe. Les Maximes quand elles
font vraies, quand elles font fondées
fur l'ordre naturel, font toujours
accordées & confenties, elles paffent
de bouche en bouche & fe retiennent
avec facilité. Les Savans, les hommes d'Etat, les Génies fupérieurs,
en connaiffent les principes & les
preuves ; ils en ont une évidence

entiere & raiſonnée. *Les hommes ordinaires & le Peuple même en ont, ſi l'on peut ainſi dire , l'évidence de ſentiment. Ce qui leur aſſure ce conſentement général eſt que les véritables Maximes ne peuvent pas être l'ouvrage des hommes , elles ſont l'expreſſion des loix naturelles inſtituées par Dieu même , ou elles ne ſont pas Maximes. Dans celles qu'on va lire il y en a pluſieurs qui paraîtront au premier coup-d'œil n'être que des conſéquences néceſſaires de celles qui les précedent. Il ſera cependant aiſé de remarquer , que l'on ne pourrait en retrancher aucune ſans altérer la perfection de cette eſpece de Code économique. Et ſi l'on eſſaie au contraire d'y ajouter , on ſera ſurpris , par la difficulté qu'on y trouvera , de voir à quel*

petit nombre de propofitions fe ré-
duifent les loix fondamentales du
bonheur des fociétés & de la puif-
*fance des Souverains (*).*

(*) Les Maximes que je remets aujourd'hui fous les yeux du public & leurs Notes ont été imprimées pour la premiere fois , avec le Tableau économique, au Château de Verfailles dans le mois de Décembre 1758. Les mêmes Maximes ont été réimprimées environ deux ans après , & la plûpart des Notes fondues, dans l'Explication du Tableau économique donnée à la fin de l'Ami des hommes par M. *le Marquis de M* * * *, qui depuis a encore cité les Maximes en entier , mais fans les Notes , dans fon immenfe & profond Ouvrage intitulé la *Philofophie rurale*, qui eft un développement très riche & très étendu du Tableau économique.

MAXIMES

GÉNÉRALES

DU GOUVERNEMENT

ÉCONOMIQUE

D'UN ROYAUME AGRICOLE.

MAXIME PREMIERE.

QUE l'autorité souveraine soit unique, & supérieure à tous les individus de la société & à toutes les entreprises injustes des intérêts particuliers ; car l'objet de la domination & de l'obéissance est la sûreté de tous, & l'intérêt licite de tous. Le système des contreforces dans un Gouvernement est une opinion funeste, qui ne laisse appercevoir que la discorde entre les Grands & l'accablement des Petits.

La division des sociétés en différens ordres de Citoyens dont les uns exercent l'autorité souveraine fur les autres, détruit l'intérêt général de la Nation, & introduit la diffension des intérêts particuliers entre les différentes claffes de Citoyens : cette division intervertiroit l'ordre du Gouvernement d'un Royaume agricole qui doit réunir tous les intérêts à un objet capital, à la profpérité de l'agriculture, qui eft la fource de toutes les richeffes de l'Etat & de celles de tous les Citoyens.

I I.

QUE la Nation foit inftruite des loix générales de l'ordre naturel qui conftituent le Gouvernement évidemment le plus parfait. L'étude de la Jurifprudence humaine ne fuffit pas pour former les hommes d'Etat; il eft néceffaire que ceux qui fe deftinent aux emplois de l'adminiftration foient affujettis à l'étude de l'ordre naturel le plus avantageux aux hommes réunis en société. Il eſt encore néceſſaire que les connoiſſances pratiques & lumineuſes que la Nation acquiert par l'expérience & la réflexion, ſe réuniſſent à la ſcience générale du Gouvernement ; afin que l'autorité ſouveraine, toujours éclairée par l'évidence, inſtitue les meilleures loix & les faſſe obſerver exaĉtement pour la ſûreté de tous, & pour parvenir à la plus grande proſpérité poſſible de la ſociété.

I I I.

QUE le Souverain & la Nation ne perdent jamais de vue, que la terre eſt l'unique ſource des richeſſes, & que c'eſt l'agriculture qui les multiplie (1). Car l'augmentation des richeſſes aſſure celle de la population ; les hommes & les richeſſes font proſpérer l'agriculture, étendent le commerce, animent l'induſtrie, accroiſſent & perpétuent les richeſſes. De cette ſource abondante dépend le ſuccès de toutes les parties de l'adminiſtration du Royaume.

I V.

QUE *la propriété des biens fonds & des richesses mobiliaires soit assurée à ceux qui en sont les possesseurs légitimes ; car* LA SURETÉ DE LA PROPRIÉTÉ EST LE FONDEMENT ESSENTIEL DE L'ORDRE ÉCONOMIQUE DE LA SOCIÉTE. Sans la certitude de la propriété le territoire resteroit inculte. Il n'y auroit ni propriétaires ni fermiers pour y faire les dépenses nécessaires pour le mettre en valeur & pour le cultiver, si la conservation du fonds & des produits n'étoit pas assurée à ceux qui font les avances de ces dépenses. C'est la sûreté de la possession permanente qui provoque le travail & l'emploi des richesses à l'amélioration & à la culture des terres, & aux entreprises du commerce & de l'industrie. Il n'y a que la Puissance Souveraine qui assure la propriété des Sujets, qui ait un droit primitif au partage des fruits de la terre, source unique des richesses.

V.

QUE l'impôt ne soit pas destructif, ou disproportionné à la masse du revenu de la Nation ; que son augmentation suive l'augmentation du revenu ; qu'il soit établi immédiatement sur le produit net des biens fonds, & non sur le salaire des hommes, ni sur les denrées, ou il multiplieroit les frais de perception, préjudicieroit au commerce, & détruiroit annuellement une partie des richesses de la Nation. Qu'il ne se prenne pas non plus sur les richesses des fermiers des biens fonds ; car LES AVANCES DE L'AGRICULTURE D'UN ROYAUME DOIVENT ÊTRE ENVISAGÉES COMME UN IMMEUBLE, QU'IL FAUT CONSERVER PRÉCIEUSEMENT POUR LA PRODUCTION DE L'IMPÔT, DU REVENU, ET DE LA SUBSISTANCE DE TOUTES LES CLASSES DE CITOYENS : autrement l'impôt dégénére en spoliation, & cause un dépérissement qui ruine promptement un Etat (2).

VI.

QUE les avances des cultivateurs soient suffisantes pour faire renaître annuellement par les dépenses de la culture des terres le plus grand produit possible ; car si les avances ne sont pas suffisantes, les dépenses de la culture sont plus grandes à proportion & donnent moins de produit net (3).

VII.

— *QUE la totalité des sommes du revenu rentre dans la circulation annuelle & la parcourre dans toute son étendue ; qu'il ne se forme point de fortunes pécuniaires, ou du moins, qu'il y ait compensation entre celles qui se forment & celles qui reviennent dans la circulation* (4) ; car autrement ces fortunes pécuniaires arrête-roient la distribution d'une partie du revenu annuel de la Nation , & retien-droient le pécule du Royaume au préjudi-ce de la rentrée des avances de la culture, de la rétribution du salaire des artisans,

& de la confommation que doivent faire les différentes claffes d'hommes qui exercent des profeffions lucratives : cette interception du pécule diminueroit la réproduction des revenus & de l'impôt.

VIII.

QUE le Gouvernement économique ne s'occupe qu'à favorifer les dépenfes productives & le commerce des denrées du crû, & qu'il laiffe aller d'elles-mêmes les dépenfes ftériles (5).

IX.

QU'UNE Nation qui a un grand territoire à cultiver & la facilité d'exercer un grand commerce des denrées du crû, n'étende pas trop l'emploi de l'argent & des hommes aux manufactures & au commerce de luxe, au préjudice des travaux & des dépenfes de l'agriculture (6) : car préférablement à tout, LE ROYAUME DOIT ÉTRE BIEN PEUPLÉ DE RICHES CULTIVATEURS (7).

X.

Qu'une partie de la somme des revenus ne passe pas chez l'Etranger sans retour, en argent ou en marchandises.

X I.

Qu'on évite la désertion des habitans qui emporteroient leurs richesses hors du Royaume.

X I I.

Que les enfans des riches fermiers s'établissent dans les campagnes pour y perpétuer les laboureurs ; car si quelques vexations leur font abandonner les campagnes & les déterminent à se retirer dans les villes, ils y portent les richesses de leurs peres qui étoient employées à la culture. Ce sont moins les hommes que les richesses qu'on doit attirer dans les campagnes ; car plus on emploie de richesses à la culture moins elle occupe d'hommes,

plus

plus elle prospere, & plus elle donne de revenu. Telle est, par exemple, pour les grains, la grande culture des riches fermiers, en comparaison de la petite culture des pauvres métayers qui labourent avec des bœufs ou avec des vaches (8).

XIII.

Que chacun soit libre de cultiver dans son champ telles productions que son intérêt, ses facultés, la nature du terrein lui suggerent pour en tirer le plus grand produit possible. On ne doit point favoriser le monopole dans la culture des biens fonds ; car il est préjudiciable au revenu général de la Nation (9). Le préjugé qui porte à favoriser l'abondance des denrées de premier besoin, préférablement aux autres productions, au préjudice de la valeur vénale des unes ou des autres, est inspiré par des vues courtes qui ne s'étendent pas jusqu'aux effets du commerce extérieur réciproque, qui pourvoit à tout, &

H

qui décide du prix des denrées que chaque Nation peut cultiver avec le plus de profit. Après les richesses d'exploitation de la culture, ce sont les revenus et l'impôt qui sont les richesses de premier besoin dans un Etat, pour défendre les Sujets contre la difette & contre l'ennemi, & pour foutenir la gloire & la puiffance du Monarque, & la profpérité de la Nation (10).

X I V.

Qu'on favorife la multiplication des beftiaux (11); car ce font eux qui fourniffent aux terres les engrais qui procurent les riches moiffons.

X V.

Que les terres employées à la culture des grains foient réunies, autant qu'il eft poffible, en grandes fermes exploitées par de riches laboureurs; car il y a moins de dépenfe pour l'entretien & la réparation des bâtimens, & à proportion beaucoup moins

de frais, & beaucoup plus de produit net
dans les grandes entreprises d'agriculture,
que dans les petites. La multiplicité de petits fermiers est préjudiciable à la population. La population la plus assurée, la plus
disponible pour les différentes occupations
& pour les différents travaux qui partagent
les hommes en différentes classes, est celle
qui est entretenue par le produit net.
Toute épargne faite à profit dans les travaux qui peuvent s'exécuter par le moyen
des animaux, des machines, des rivieres, &c. revient à l'avantage de la population & de l'État, parceque plus de produit net procure plus de gain aux hommes pour d'autres services ou d'autres
travaux.

X V I.

*QUE l'on n'empêche point le commerce
extérieur des denrées du crû ; car TEL EST
LE DÉBIT, TELLE EST LA RÉPRO-
DUCTION* (12).

XVII.

QUE l'on facilite les débouchés & les transports des productions & des marchandises de main d'œuvre, par la réparation des chemins, & par la navigation des canaux, des rivieres & de la mer ; car plus on épargne sur les frais du commerce, plus on accroît le revenu du territoire.

XVIII.

QU'ON ne fasse point baisser le prix des denrées & des marchandises dans le Royaume ; car le commerce réciproque avec l'Étranger deviendroit désavantageux à la Nation (13). *TELLE EST LA VALEUR VÉNALE, TEL EST LE REVENU :* abondance & non valeur n'est pas richesse. Disette & cherté est misere. Abondance & cherté est opulence (14).

XIX.

QU'ON ne croie pas que le bon marché des

denrées *est profitable au menu peuple* (15) ; car le bas prix des denrées fait baisser le salaire des gens du Peuple , diminue leur aisance , leur procure moins de travail & d'occupations lucratives , & anéantit le revenu de la Nation.

X X.

Qu'on ne diminue pas l'aisance des dernieres classes de Citoyens ; car elles ne pourroient pas assez contribuer à la consommation des denrées qui ne peuvent être consommées que dans le pays, ce qui feroit diminuer la réproduction & le revenu de la Nation (16).

X X I.

Que les propriétaires , & ceux qui exercent des professions lucratives , ne se livrent pas à des épargnes stériles , qui retrancheroient de la circulation & de la distribution une portion de leurs revenus ou de leurs gains.

X X I I.

Qu'on ne provoque point le luxe de

H iij

décoration au préjudice des dépenses d'exploitation & d'amélioration de l'agriculture, & des dépenses en consommation de subsistance, qui entretiennent le bon prix & le débit des denrées du crû, & la réproduction des revenus de la Nation (17).

XXIII.

QUE la Nation ne souffre pas de perte dans son commerce réciproque avec l'Étranger ; quand même ce commerce seroit profitable aux Commerçans qui gagneroient sur leurs Concitoyens dans la vente des marchandises qu'il rapporteroit. Car alors l'accroissement de fortune de ces Commerçans feroit dans la circulation des revenus un retranchement préjudiciable à la distribution & à la réproduction.

XXIV.

QU'ON ne soit pas trompé par un avantage apparent du commerce réciproque avec l'Étranger, en jugeant simplement par la ba-

lance des sommes en argent, sans examiner le plus ou le moins de profit qui ré-
sulte des marchandises mêmes que l'on a
vendues, & de celles que l'on a achetées.
Car souvent la perte est pour la Nation
qui reçoit un surplus en argent; & cette
perte se trouve au préjudice de la distribution & de la réproduction des revenus.

X X V.

Qu'on maintienne l'entiere liberté du
commerce; car LA POLICE DU COMMERCE
INTÉRIEUR ET EXTÉRIEUR LA PLUS SURE,
LA PLUS EXACTE, LA PLUS PROFITABLE A
LA NATION ET A L'ÉTAT, CONSISTE DANS
LA PLEINE LIBERTÉ DE LA CONCURRENCE.

X X V I.

Qu'on soit moins attentif à l'augmentation de la population qu'à l'accroissement
des revenus; car plus d'aisance que procurent de grands revenus, est préférable à
plus de besoins pressans de subsistance

qu'exige une population qui excede les revenus ; & il y a plus de reſſources pour les beſoins de l'État quand le peuple eſt dans l'aiſance , & auſſi plus de moyens pour faire proſpérer l'agriculture (18).

XXVII.

QUE le Gouvernement ſoit moins occupé du ſoin d'épargner , que des opérations néceſſaires pour la proſpérité du Royaume ; car de très grandes dépenſes peuvent ceſſer d'être exceſſives par l'augmentation des richeſſes. Mais il ne faut pas confondre les abus avec les ſimples dépenſes ; car les abus pourroient engloutir toutes les richeſſes de la Nation & du Souverain.

XXVIII.

QUE l'adminiſtration des Finances , ſoit dans la perception des impôts , ſoit dans les dépenſes du Gouvernement, n'occaſionne pas de fortunes pécuniaires qui dérobent une partie des revenus à la circulation , à la diftribution & à la réproduction.

XXIX.

QU'ON n'efpere de reffources pour les befoins extraordinaires d'un Etat, que de la profpérité de la Nation , & non du crédit des Financiers ; car LES FORTUNES PECUNIAIRES SONT DES RICHESSES CLANDESTINES QUI NE CONNOIS-SENT NI ROI NI PATRIE.

XXX.

QUE l'Etat évite des emprunts qui for-ment des rentes financieres, qui le char-gent de dettes dévorantes, & qui occa-fionnent un commerce ou trafic de Finan-ces, par l'entremife des papiers commer-çables, où l'efcompte augmente de plus en plus les fortunes pécuniaires ftériles. Ces fortunes féparent la Finance de l'agri-culture , & privent les campagnes des richeſſes néceſſaires pour l'amélioration des biens fonds & pour l'exploitation de la culture des terres.

Fin des Maximes générales.

NOTES
SUR LES MAXIMES.

(La terre est l'unique source des richesses
& c'est l'agriculture qui les multiplie.)

LE commerce réciproque avec l'Etranger rapporte des marchandises qui sont payées par les revenus de la Nation en argent ou en échange ; ainsi, dans le détail des revenus d'un Royaume, il n'en faut pas faire un objet à part qui formeroit un double emploi. Il faut penser de même des loyers de maisons & des rentes d'intérêts d'argent ; car ce sont, pour ceux qui les payent, des dépenses qui se tirent d'une autre source, excepté les rentes placées sur les terres, qui sont assignées sur un fond productif ; mais ces rentes sont comprises dans le produit du revenu des terres. Ainsi ce sont les terres & les avances des Entrepreneurs de la culture, qui sont la source unique des revenus des Nations agricoles.

Note sur la Maxime V. page 109.

(Que l'impôt ne soit pas destructif, &c.)

L'i m p ô t bien ordonné, c'est-à-dire, l'impôt qui ne dégénere pas en spoliation par une mauvaise forme d'imposition, doit être regardé comme une partie du revenu détachée du produit net des biens fonds d'une Nation agricole ; car autrement il n'auroit aucune régle de proportion avec les richesses de la Nation, ni avec le revenu, ni, avec l'état des Sujets contribuables ; il pourroit insensiblement tout ruiner avant que le Ministère s'en apperçût.

Le produit net des biens fonds se distribue à trois Propriétaires, à l'Etat, aux Possesseurs des terres & aux Décimateurs. Il n'y a que la portion du Possesseur du bien qui soit aliénable, & elle ne se vend qu'à raison du revenu qu'elle produit. La propriété du Possesseur ne s'étend donc pas au-delà. Ce n'est donc pas lui qui paye les autres Propriétaires qui ont part au bien, puisque leurs parts ne lui appartiennent pas, qu'il ne les a pas acquises, & qu'elles ne sont pas aliénables. Le Possesseur du bien ne doit donc pas regarder l'impôt ordinaire comme une charge établie sur sa portion ; car ce n'est pas lui qui paye ce revenu, c'est la partie du bien qu'il n'a pas acquise, & qui ne lui appartient pas qui le paye à qui il est dû. Et ce n'eſt que dans les cas de néceſſité, dans les cas où la ſûreté de la propriété ſeroit expoſée, que tous les Propriétaires doivent pour leur propre intérêt contribuer ſur leurs portions à la ſubvention paſſagere que les beſoins preſſans de l'Etat peuvent exiger.

Mais il ne faut pas oublier que dans tous les cas l'impoſition du tribut ne doit porter que ſur le revenu, c'eſt-à-dire, ſur le produit net annuel des biens fonds ; & non ſur les avances des Laboureurs, ni ſur les hommes de travail, ni ſur la vente des marchandiſes : car autrement il ſeroit deſtructif. Sur les avances des Laboureurs ce ne ſeroit pas un impôt, mais une ſpoliation qui éteindroit la réproduction, détérioreroit les terres, ruineroit les Fermiers, les Propriétaires & l'Etat. Sur le ſalaire des hommes de travail & ſur la vente des marchandiſes, il ſeroit arbitraire, les frais de perception ſurpaſſeroient l'impôt, & retomberoient ſans régle ſur les revenus de la Nation & ſur ceux du Souverain. Il faut diſtinguer ici l'impoſition d'avec l'impôt ; l'impoſition ſeroit le triple de l'impôt, & s'étendroit ſur l'impôt même ; car dans toutes les dépenſes de l'Etat, les taxes impoſées ſur les marchandiſes, ſeroient payées par l'impôt. Ainſi cet impôt ſeroit trompeur & ruineux.

L'impoſition ſur les hommes de travail qui vivent de leur ſalaire, n'eſt, rigoureuſement parlant, qu'une imposition sur le travail, qui est payée par ceux qui employent les ouvriers : de même qu'une imposition sur les chevaux qui labourent la terre ne seroit réellement qu'une imposition sur les dépenses mêmes de la culture. Ainsi l'imposition sur les hommes, & non sur le revenu, porteroit sur les frais mêmes de l'industrie & de l'agriculture, retomberoit doublement en perte sur le revenu des biens fonds, & conduiroit rapidement à la destruction de l'impôt. On doit penser de même des taxes qu'on imposeroit sur les marchandises ; car elles tomberoient aussi en pure perte sur le revenu, sur l'impôt & sur les dépenses de la culture, & exigeroient des frais immenses qu'il seroit impossible d'éviter dans un grand Etat.

Cependant ce genre d'imposition est forcément la ressource des petits Etats Maritimes, qui subsistent par un commerce de trafic, nécessairement assujetti à l'impôt dans ces Etats qui n'ont point de territoire. Et il est encore presque toujours regardé comme une ressource momentanée dans les grands Etats lorsque l'agriculture y est tombée dans un tel dépérissement que le revenu du territoire ne pourroit plus subvenir au payement de l'impôt. Mais alors cette ressource insidieuse est une surcharge qui réduit le peuple à une épargne forcée sur la consommation, qui arrête le travail, qui éteint la réproduction, & qui acheve de ruiner les Sujets & le Souverain.

On a souvent parlé de l'établissement de l'impôt payé en nature par la récolte en forme de dixme : ce genre d'imposition seroit à la vérité proportionnel au produit total de la récolte, les frais compris ; mais il n'auroit aucun rapport avec le produit net : plus la terre seroit médiocre, & plus la récolte seroit foible, plus il seroit onéreux, injuste & désastreux.

L'impôt doit donc être pris immédiatement sur le produit net des biens fonds : car de quelque maniere qu'il soit imposé dans un Royaume qui tire ses richesses de son territoire, il est toujours payé par les biens fonds. Ainsi la forme d'imposition la plus simple, la plus réglée, la plus profitable à l'Etat, & la moins onéreuse aux Contribuables, est celle qui est établie proportionnellement au produit net & immédiatement à la source des richesses continuellement renaissantes.

L'établissement simple de l'imposition à la source des revenus, c'est-à-dire, sur le produit net des terres qui forme le revenu de la Nation, devient fort difficile dans un Royaume où, faute d'avances, l'agriculture est tombée en ruine ; ou du moins dans une telle dégradation, qu'elle ne peut se prêter à aucun Cadastre fixe & proportionné aux qualités des terres qui sont mal cultivées, & dont le produit, devenu très foible, n'est qu'en raison de l'état miserable de la culture ; car l'amélioration de la culture, qui pourroit réfulter d'une meilleure adminiftration, rendroit auffi-tôt le Cadaftre très irrégulier.

Une impofition établie également fur les terres, fur leurs produits, fur les hommes, fur leur travail, fur les marchandifes & fur les animaux de férvice, préfenteroit une gradation de fix impofitions égales, pofées les unes fur les autres, portant toutes fur une même bafe, & néanmoins payées chacûne à part, mais qui toutes enfemble fourniroient beaucoup moins de revenu au Souverain qu'un fimple impôt réel, établi uniquement & fans frais fur le produit net, & égal dans fa proportion à celle des fix impofitions qu'on pourroit regarder comme réelle. Cet impôt indiqué par l'ordre naturel & qui augmenteroit beaucoup le revenu du Souverain coûteroit cependant cinq fois moins à la Nation & à l'Etat que les fix impofitions ainfi répétées, lefquelles anéantiroient tous les produits du territoire & fembleroient exclure tout moyen de rentrer dans l'ordre. Car les impofitions illufoires pour le Souverain & ruineufes pour la Nation paroiffent aux efprits vulgaires, de plus en plus inévitables à mefure que le dépériffement de l'agriculture augmente.

Cependant il faut au moins commencer par fupprimer au plutôt les impofitions arbitraires établies fur les Fermiers des terres ; fans quoi ce genre d'impofition ruineufe acheveroit d'anéantir entierement les revenus du Royaume. L'impofition

tion sur les biens fonds la plus difficile à régler
est celle qui s'établit sur la petite culture, où il
n'y a pas de fermage qui puisse servir de mesure,
où c'est le Propriétaire même qui fournit les avances, & où le produit net est très foible & fort in-
certain. Cette culture qui s'exécute par des Métayers dans les pays où l'impôt a détruit les Fermiers, & qui est la derniere ressource de l'agriculture ruinée, exige beaucoup de menagement;
car un impôt un peu onéreux enleve ses avances
& l'anéantit entierement. Il faut donc bien distin-
guer les terres réduites à cette petite culture, &
qui à proportion du produit sont labourées à
grands frais & souvent sans aucun profit, d'avec
celles où la grande culture s'exécute par de riches
Fermiers, lesquels assurent aux Propriétaires un
revenu déterminé qui peut servir de régle exacte
pour une imposition proportionnelle. Imposition
qui doit être payée par le Propriétaire, & non par
le Fermier, si ce n'est en déduction du fermage,
comme cela arrive naturellement lorsque le Fermier est instruit avant de passer son bail de la quotité de l'impôt. Si les besoins de l'Etat y nécessitent
des augmentations, elles doivent être uniquement
à la charge des Propriétaires; car le Gouvernement seroit en contradiction avec lui-même s'il
exigeoit que les Fermiers remplissent les engagemens de leurs baux, tandis que par l'impôt im-

prévu dont il les chargeroit il les mettroit dans
l'impossibilité de satisfaire à ces engagemens. Dans
tous les cas le payement de l'impôt doit être garanti par la valeur même des biens fonds , & non
par celle des richesses d'exploitation de la culture , qui ne peuvent sans déprédation être assu-
jetties à aucun service public , autre que celui
de faire renaître les richesses de la Nation & du
Souverain , & qui ne doivent jamais être détour-
nées de cet emploi naturel & nécessaire. Les Propriétaires , fixés à cette régle par le Gouvernement, seroient attentifs , pour la sûreté de leur
revenu & de l'impôt, à n'affermer leurs terres qu'à
de riches Fermiers ; cette précaution assureroit le
succès de l'agriculture. Les Fermiers n'ayant plus
d'inquiétude sur l'imposition pendant le cours de
leurs baux se multiplieroient ; la petite culture
disparoîtroit successivement ; les revenus des Propriétaires & l'impôt s'accroîtroient à proportion
par l'augmentation des produits des biens fonds
cultivés par de riches Laboureurs.

Il y a une Nation qui a su affermir sa puissance & assurer sa prospérité en exemptant la charrue de toute imposition. Les Propriétaires, chargés
eux-mêmes de l'impôt, souffrent dans les tems de
guerre des subventions passageres ; mais les travaux de la culture des terres n'en sont point ra-
lentis, & le débit & la valeur vénale des biens fonds

sont toujours assurés par la liberté du commerce
des denrées du crû. Aussi chez cette Nation l'agriculture & la multiplication des bestiaux ne souffrent aucune dégradation pendant les guerres les
plus longues & les plus dispendieuses : les Propriétaires retrouvent à la paix leurs terres bien
cultivées & bien entretenues ; & leurs grands revenus bien maintenus & bien assurés. Il est aisé
par-là d'appercevoir la différence qu'il y a entre
un impôt exorbitant & un impôt spoliatif ; car
par la forme de l'imposition, un impôt peut être
spoliatif sans être exorbitant, ou peut être exorbitant sans être spoliatif.

NOTE SUR LA MAXIME VI. page 110.

(Que les avances de la culture soient suffisantes.)

IL faut remarquer que les terres les plus fertiles
seroient nulles sans les richesses nécessaires pour
subvenir aux dépenses de la culture, & que la
dégradation de l'agriculture dans un Royaume ne
doit pas être imputée à la paresse des hommes ;
mais à leur indigence. Si les avances de la culture ne donnoient que peu de produit net, par
erreur de Gouvernement, il y auroit de grands
frais, peu de revenu, & une population qui ne
seroit presque qu'en menu peuple, occupé dans
les campagnes, sans profit pour l'Etat, à une

mauvaise culture, qui le feroit subsister misérablement.

Autrefois dans *tel* Royaume les avances annuelles ne faisoient renaître de produit net, du fort
au foible, l'impôt sur le Laboureur compris, qu'environ *vingt-cinq pour cent*, qui se distribuoient à la
dixme, à l'impôt, & au Propriétaire : distraction
faite des reprises annuelles du Laboureur. Si les
avances primitives avoient été suffisantes, la culture auroit pu y rendre aisément *cent* de produit
net & même davantage pour *cent* d'avances annuelles. Ainsi la Nation souffroit un *deficit* des
quatre cinquiemes au moins sur le produit net de
ses avances annuelles, sans compter la perte sur
l'emploi & le revenu des terres qui suppléoient
elles-mêmes aux frais d'une pauvre culture, &
qu'on laissoit en friche alternativement pendant
plusieurs années pour les réparer, & les remettre en
état de produire un peu de récolte. Alors la plus
grande partie des habitans étoit dans la misere,
& sans profit pour l'Etat. Car *tel est le produit net
des avances au-delà des dépenses ; tel est aussi le
produit net du travail des hommes qui le font naître : & tel est le produit net des biens fonds ; tel est
le produit net pour le revenu, pour l'impôt & pour la
subsistance des différentes classes d'hommes d'une
Nation.* Ainsi plus les avances sont insuffisantes,
moins les hommes & les terres sont profitables à

l'Etat. Les Colons qui subsistent misérablement d'une culture ingrate, ne servent qu'à entretenir infructueusement la population d'une pauvre Nation.

L'impôt dans ce Royaume étoit presque tout établi arbitrairement sur les Fermiers, sur les Ouvriers & sur les marchandises. Ainsi il portoit directement & indirectement sur les avances des dépenses de la culture, ce qui chargeoit les biens fonds d'environ trois cents millions pour l'impôt ordinaire, & autant pour la régie, les frais de perception, &c. Et les produits du sol ne rendoient plus à la Nation, dans les derniers tems, à en juger par le dépouillement de la taxe d'un dixieme sur les fonds productifs, & par l'examen du produit des terres, qu'environ quatre cents millions de revenu net, y compris la dixme & les autres revenus ecclésiastiques : triste produit d'un grand & excellent territoire, & d'une grande & laborieuse population ! L'exportation des grains étoit défendue ; la production étoit bornée à la consommation de la Nation ; la moitié des terres restoient en friches, on défendoit d'y planter des vignes ; le commerce intérieur des grains étoit livré à une police arbitraire, le débit étoit continuellement interrompu entre les provinces ; & la valeur vénale des denrées toujours incertaine.

I iij

Les avances des dépenses productives étoient enlevées successivement par l'impôt arbitraire & par les charges indirectes, à l'anéantissement de la réproduction & de l'impôt même ; les enfans des Laboureurs abandonnoient les campagnes ; le sur-faix de l'impôt sur les denrées en haussoit le prix naturel, & ajoutoit un surcroit de prix onéreux aux marchandises & aux frais de salaire dans les dépenses de la Nation ; ce qui retomboit encore en déchet sur les reprises des Fermiers, sur le produit net des biens fonds, & sur l'impôt, sur la culture, &c. La spoliation, causée par la partie de l'impôt arbitraire établie sur les Fermiers, causoit d'ailleurs un dépérissement progressif, qui, joint au défaut de liberté de commerce, faisoit tomber les terres en petite culture & en friche. C'étoit à ce dégré de décadence où les dépenses de la culture ne produisoient plus, l'impôt territorial compris, que 25 pour cent, ce qui n'étoit même dû qu'au bénéfice de la grande culture qui existoit encore pour un quart dans le Royaume (*). On ne suivra pas ici la marche rapide des progrès de cette décadence, il suffit de calculer les effets de tant de causes destructives, procédant les unes des autres, pour en prévoir les conséquences funestes.

____

(*) Voyez dans l'*Encyclopédie*, article GRAINS, l'exemple d'une Nation qui perd annuellement les quatre cinquiemes du produit de sa culture.

· Tous ces défordres & tous ces abus ont été re-
connus ; & la gloire de les réparer étoit réfervée
à un Miniftere plus éclairé. Mais les befoins de
l'Etat & les circonftances ne fe prêtent pas toujours aux vûes que l'on fe propofe pour les réformes que peut exiger une bonne adminiftration
dans l'économie politique, quoique ces réformes
foient très effentielles & très preffantes pour l'a-
vantage commun du Souverain & de la Nation.

NOTE SUR LA MAXIME VII. page 110.

*(Les fortunes qui rentrent dans la
circulation.)*

ON ne doit pas entendre fimplement par les
fortunes qui rentrent dans la circulation, les fortunes qui fe détruifent ; mais auffi les fortunes
ftériles ou oifives, qui deviennent actives, & qui
font employées, par exemple, à former les avances des grandes entreprifes d'agriculture, de commerce & de manufactures profitables, ou à améliorer des biens fonds dont les revenus rentrent
annuellement dans la circulation. C'eft même
par ces fortunes actives bien établies, qu'un
Etat a de la confiftance, qu'il a de grandes richeffes affurées pour faire repaître annuellement
de grandes richeffes, pour entretenir une population dans l'aifance, & pour affurer la profpérité
de l'Etat & la puiffance du Souverain. Mais on

ne doit pas penfer de même des fortunes pécuniaires qui fe tirent des intérêts de l'argent , &
qui ne font pas établies fur des fonds productifs ,
ni de celles qui font employées à des acquifitions
de charges inutiles , de privileges , &c. ; leur
circulation ftérile ne les empêche point d'être des
fortunes rongeantes & onéreufes à la Nation.

NOTE SUR LA MAXIME VIII. pag. 111.

(Laiffer aller d'elles-mêmes les dépenfes ftériles.)

LES travaux des marchandifes de main-d'œuvre & d'induftrie pour l'ufage de la Nation ne
font qu'un objet difpendieux & non une fource
de revenu. Ils ne peuvent procurer de profit dans
la vente à l'Etranger , qu'aux feuls pays où la
main-d'œuvre eft à bon marché par le bas prix
des denrées qui fervent à la fubfiftance des Ouvriers ; condition fort défavantageufe au produit des biens fonds : auffi ne doit-elle pas exifter
dans les Etats qui ont la liberté & la facilité d'un
commerce extérieur qui foutient le débit & le prix
des denrées du crû , & qui heureufement détruit
le petit profit qu'on pourroit retirer d'un commerce extérieur de marchandifes de main-d'œuvre dont le gain feroit établi fur la perte qui réful-
teroit du bas prix des productions des biens fonds.
On ne confond pas ici le produit net ou le revenu
pour la Nation , avec le gain des Commerçans

& Entrepreneurs de Manufactures ; ce gain doit être mis au rang des frais par rapport à la Nation : il ne suffiroit pas, par exemple, d'avoir de riches Laboureurs, si le territoire qu'ils cultive-roient, ne produifoit que pour eux.

Il y a des Royaumes pauvres où la plûpart des Manufactures de luxe trop multipliées font fou-tenues par des privileges exclufifs, & mettent la Nation à contribution par des prohibitions qui lui interdifent l'ufage d'autres marchandifes de main-d'œuvre. Ces prohibitions toujours préjudi-ciables à la Nation font encore plus funeftes quand l'efprit de monopole & d'erreur qui les a fait naître les étend jufques fur la culture & le commerce des productions des biens fonds, où la la concurrence la plus active eft indifpenfable-ment néceffaire pour multiplier les richeffes des Nations.

Nous ne parlerons pas ici du commerce de trafic qui eft le lot des petits Etats maritimes. Un grand Etat ne doit pas quitter la charue pour devenir voiturier. On n'oubliera jamais qu'un Mi-niftre du dernier fiecle, ébloui du commerce des Hollandois & de l'éclat des Manufactures de luxe, a jetté fa patrie dans un tel délire, que l'on ne par-loit plus que commerce & argent, fans penfer au véritable emploi de l'argent ni au véritable commerce du pays.

Ce Miniftre fi eftimable par fes bonnes inten-

tions , mais trop attaché à fes idées ; voulut
faire naître les richeffes du travail des doigts ,
au préjudice de la fource même des richeffes , &
dérangea toute la Conftitution économique d'une
Nation agricole. Le commerce extérieur des
grains fut arrêté pour faire vivre le Fabricant à
bas prix ; le débit du blé dans l'intérieur du
Royaume fut livré à une police arbitraire qui in-
terrompoit le commerce entre les provinces. Les
Protecteurs de l'induftrie , les Magiftrats des
Villes, pour fe procurer des blés à bas prix ,
ruinoient par un mauvais calcul, leurs Villes &
leurs Provinces, en dégradant infenfiblement la
culture de leurs terres : tout tendoit à la deftruction des revenus des biens fonds, des Manufactures, du commerce & de l'induftrie, qui, dans
une Nation agricole, ne peuvent fe foutenir que
par les produits du fol ; car ce font ces produits
qui fourniffent au commerce l'exportation du fuperflu, & qui payent les revenus aux Propriétaires, & le falaire des hommes employés aux
travaux lucratifs. Diverfes caufes d'émigrations
des hommes & des richeffes hâterent les progrès
de cette deftruction.

Les hommes & l'argent furent détournés de
l'agriculture, & employés aux Manufactures de
foie, de coton, de laines étrangeres , au préjudice des Manufactures de laines du pays & de la

multiplication des troûpeaux. On provoqua le luxe de décoration qui fit des progrès très rapides. L'adminiftration des Provinces, preffée par les befoins de l'Etat, ne laiffoit plus de fûreté dans les campagnes pour l'emploi vifible des richeffes néceffaires à la réproduction annuelle des richeffes; ce qui fit tomber une grande partie des terres en petite culture, en friches & en non-valeur. Les revenus des Propriétaires des biens fonds furent facrifiés en pure perte à un commerce mercantile qui ne pouvoit contribuer à l'impôt. L'agriculture dégradée & accablée touchoit à l'impoffibilité d'y fubvenir; on l'étendit de plus en plus fur les hommes, fur les alimens, fur le commerce des denrées du crû : il fe multiplia en dépenfes dans la perception & en déprédations deftructives de la réproduction; & il devint l'objet d'un fyftême de Finance, qui enrichit la Capitale des dépouilles des Provinces. Le trafic de l'argent à intérêt forma un genre principal de revenus fondés en argent & tirés de l'argent; ce qui n'étoit, par rapport à la Nation, qu'un produit imaginaire; qui échappoit à l'impôt & minoit l'Etat. Ces revenus établis fur l'argent, & l'afpect de l'opulence, foutenus par la magnificence d'un luxe ruineux, en impofoient au vulgaire, & diminuoient de plus en plus la réproduction des richeffes réelles, & le pécule de la Narion. Eh ! malheureusement les causes de ce désordre général ont été trop long-tems ignorées; *indè mali labes.* Mais aujourd'hui le Gouvernement est attaché à des principes plus lumineux ; il connoît les ressources du Royaumes, & les moyens d'y ramener l'abondance.

Note sur la Maxime IX. page 111.

(Ne pas étendre l'emploi de l'argent & des hommes aux Manufactures & au commerce de luxe, au préjudice des travaux & des dépenses de l'agriculture.)

On ne doit s'attacher qu'aux Manufactures de marchandises de main-d'œuvre dont on a les matieres premieres, & qu'on peut fabriquer avec moins de dépense que dans les autres pays; & il faut acheter de l'Etranger les marchandises de main-d'œuvre qu'il peut vendre à meilleur marché qu'elles ne couteroient à la Nation , si elle les faisoit fabriquer chez elle. Par ces achats on provoque le commerce réciproque : car si on vouloit ne rien acheter , & vendre de tout, on éteindroit le commerce extérieur & les avantages de l'exportation des denrées du crû , qui est infiniment plus profitable que celle des marchandises de main-

d'œuvre. Une Nation agricole doit favoriser le
commerce extérieur actif des denrées du crû, par
le commerce extérieur passif des marchandises de
main-d'œuvre qu'elle peut acheter à profit de
l'Etranger. Voilà tout le mystère du commerce :
à ce prix ne craignons pas d'être *tributaires des
autres Nations.*

NOTE SUR LA MEME MAXIME.

*(Préalablement à tout, le Royaume doit être
bien peuplé de riches Cultivateurs.)*

LE Bourg de *Goodmans - chester* en Angleterre, est célebre dans l'histoire pour avoir accompagné son Roi avec le cortége le plus honorable, ayant conduit cent quatre-vingts charrues
à son passage. Ce faste doit paroître bien ridicule
à nos Citadins accoutumés aux décorations frivoles. On voit encore des hommes, stupidement
vains, ignorer que ce sont les riches Laboureurs &
les riches Commerçans, attachés au commerce rural, qui animent l'agriculture, qui font exécuter, qui commandent, qui gouvernent, qui
sont indépendans, qui assurent les revenus de la
Nation, qui, après les Propriétaires distingués
par la naissance, par les dignités, par les sciences, forment l'ordre de Citoyens le plus honnête,
le plus louable & le plus important dans l'Etat.

Ce font pourtant ces habitans honorables de la campagne, ces Maîtres, ces Patriarches, ces riches Entrepreneurs d'agriculture, que le Bourgeois ne connoît que fous le nom dédaigneux de *Payfans*, & auxquels il veut même retrancher les Maîtres d'école qui leur apprennent à lire, à écrire, à mettre de la fûreté & de l'ordre dans leurs affaires, à étendre leurs connoiffances fur les différentes parties de leur état.

Ces inftructions, dit-on, leur infpirent de la vanité & les rendent proceffifs : la défenfe juridique doit-elle être permife à ces hommes terreftres, qui ofent oppofer de la réfiftance & de la hauteur à ceux qui, par la dignité de leur féjour dans la cité, doivent jouir d'une diftinction particuliere & d'une fupériorité qui doit en impofer aux Villageois. Tels font les titres ridicules de la vanité du Citadin, qui n'eft qu'un mercénaire payé par les richeffes de la campagne. *Omnium autem rerum ex quibus aliquid acquiritur, nihil eft AGRICULTURA melius, nihil uberius, nihil dulcius, nihil homine libero dignius.* Cicero de Officiis . . . . *Meâ quidem fententiâ, haud fcio an nulla beatior effe poffit, neque folùm officio, quod hominum generi univerfo cultura agrorum eft falutaris ; fed & delectatione, & faturitate, copiâque omnium rerum quæ ad victum hominum, ad cultum etiam Deorum pertinent,* Idem, de Senectute.

DE TOUS LES MOYENS DE GAGNER DU BIEN,
IL N'Y EN A POINT DE MEILLEUR, DE PLUS
ABONDANT, DE PLUS AGRÉABLE, DE PLUS CON-
VENABLE A L'HOMME, DE PLUS DIGNE DE
L'HOMME LIBRE, QUE L'AGRICULTURE....
POUR MOI, JE NE SAIS S'IL Y A AUCUNE SORTE
DE VIE PLUS HEUREUSE QUE CELLE-LA, NON-
SEULEMENT PAR L'UTILITÉ DE CET EMPLOI,
QUI FAIT SUBSISTER TOUT LE GENRE HUMAIN,
MAIS ENCORE PAR LE PLAISIR ET PAR L'ABON-
DANCE QU'IL PROCURE; CAR LA CULTURE DE
LA TERRE PRODUIT DE TOUT CE QU'ON PEUT
DESIRER POUR LA VIE DES HOMMES ET POUR LE
CULTE DES DIEUX.

NOTE SUR LA MAXIME XII. page 113.

*(Attirer les richesses dans les campagnes
pour étendre la grande & éviter la petite
culture.)*

DANS la grande culture, un homme seul
conduit une charrue tirée par des chevaux, qui
fait autant de travail que trois charrues tirées par
des bœufs, & conduites par six hommes. Dans
ce dernier cas, faute d'avances primitives pour
l'établissement d'une grande culture, la dépense
annuelle est excessive par proportion au produit.

net, qui eſt preſque nul, & on y emploie infruc-
tueuſement dix ou douze fois plus de terre. Les Propriétaires manquans de Fermiers en état de ſubvenir à la dépenſe d'une bonne culture, les avances ſe
font aux dépens de la terre, preſque entierement en
pure perte ; le produit des prés eſt conſommé, pendant l'hiver, par les bœufs de labour, & on leur laiſ-
ſe une partie de la terre, pour leur pâturage pendant
l'été ; le produit net de la récolte approche ſi fort
de la non-valeur, que la moindre impoſition fait
renoncer à ces reſtes de culture, ce qui arrive
même en bien des endroits tout ſimplement par la
pauvreté des habitans. On dit qu'il y a une Nation pauvre qui eſt réduite à cette petite culture
dans les trois quarts de ſon territoire, & qu'il y a
d'ailleurs chez cette Nation plus d'un tiers des
terres cultivables qui ſont en non-valeur. Mais
le Gouvernement eſt occupé à arrêter les progrès
de cette dégradation, & à pourvoir aux moyens
de la réparer.

NOTE SUR LA MAXIME XIII. page 113.

*(Ne point favoriſer le monopole dans la
culture, & laiſſer à chacun la liberté de
donner à ſon champ celle qui lui convient.)*

DES vûes particulieres avoient fait croire pendant

dant un tems qu'il falloit reſtreindre en France la culture des vignes pour augmenter la culture du blé, dans le tems même où le commerce extérieur du blé étoit prohibé, où la communication même du commerce des grains entre les Provinces du Royaume étoit empêchée, où la plus grande partie des terres étoit en friches, parceque la culture du blé y étoit limitée à la conſommation de l'intérieur de chaque Province du Royaume; & où la deſtruction des vignes augmentoit de plus en plus les friches. Des Provinces éloignées de la capitale étoient d'ailleurs obligées de faire des repréſentations pour s'oppoſer à l'accroiſſement de la culture des grains, qui faute de débit tomboient dans leur pays en non-valeur; ce qui cauſoit la ruine des Propriétaires & des Fermiers, & anéantiſſoit l'impôt dont les terres étoient chargées. Tout conſpiroit donc à la dégradation des deux principales cultures du Royaume, & à détruire de plus en plus la valeur des biens fonds; une partie des Propriétaires des terres, au préjudice des autres, tendoit au privilége excluſif de la cultúre : funeſtes effets des prohibitions & des empêchemens du commerce des productions des biens fonds, dans un Royaume où les Provinces ſe communiquent par les rivieres & les mers, où la Capitale & toutes les autres Villes peuvent être facilement

K

approvifionnées des productions de toutes les parties du territoire , & où la facilité de l'exportation affure le débouché de l'excedent.

La culture des vignes eft la plus riche culture du Royaume de France ; car le produit net d'un arpent de vignes, évalué du fort au foible, eft environ le triple de celui du meilleur arpent de terre cultivé en grains. Encore doit-on remarquer que les frais compris dans le produit total de l'une & de l'autre culture , font plus avantageux dans la culture des vignes que dans la culture des grains ; parceque dans la culture des vignes , les frais fourniffeut , avec profit, beaucoup plus de falaires pour les hommes , & paroeque la dépenfe pour les échalas & les tonneaux eft à l'avantage du débit des bois , & quelles hommes occupés à la culture des vignes n'y font pas employés dans le tems de la moiffon , où ils font alors d'une grande reffource aux Laboureurs pour la récolte des grains. D'ailleurs cette claffe d'hommes payés de leurs travaux par la terre , en devenant fort nombreufe , augmente le débit des blés & des vins , & en foutient la valeur vénale à mefure que la culture s'étend & que l'accroiffement de la culture augmente les richeffes : car l'augmentation des richeffes augmente la population dans toutes les claffes d'hommes d'une Nation, & cette augmentation de population fou-

tient de toutes parts la valeur vénale des produits
de la culture.

On doit faire attention que la facilité du commerce extérieur des denrées du crû délivrées d'impositions onéreuses, est un grand avantage
pour une Nation qui a un grand territoire, où
elle peut varier la culture pour en obtenir différentes productions de bonne valeur ; sur-tout
celles qui ne peuvent pas naître chez les Nations
voisines. La vente du vin & des eaux-de-vie à
l'Etranger étant pour nous un commerce privilé-
gié, que nous devons à notre territoire & à notre
climat, il doit spécialement être protégé par le
Gouvernement ; ainsi il ne doit pas être assujetti
à des impositions multipliées en pure perte pour
l'impôt, & trop préjudiciables au débit des productions qui sont l'objet d'un grand commerce
extérieur, capable de soutenir l'opulence du
Royaume : l'impôt doit être pur & simple, assigné
sur le sol qui produit ces richesses ; & dans la
compensation de l'imposition générale, on doit
avoir égard à celles dont il faut assurer, par un
prix favorable, le débit chez l'Etranger ; car
alors l'Etat est bien dédommagé de la modéra-
tion de l'impôt sur ces parties par l'influence avan-
tageuse de ce commerce sur toutes les autres
sources de richesses du Royaume.

Sur la même Maxime. page 114.

(*Après les avances de la culture, ce sont les revenus & l'impôt qui sont les richesses de premier besoin, & qui assurent la prospérité de la Nation.*)

En quoi consiste la prospérité d'une Nation agricole ? EN DE GRANDES AVANCES POUR PERPÉTUER ET ACCROÎTRE LES REVENUS ET L'IMPÔT ; EN UN COMMERCE INTÉRIEUR ET EX-TÉRIEUR LIBRE ET FACILE ; EN JOUISSANCE DES RICHESSES ANNUELLES DES BIENS FONDS ; EN PAYEMENS PÉCUNIAIRES ET OPULENS DU RE-VENU ET DE L'IMPÔT. L'abondance des produc-tions s'obtient par les grandes avances ; la con-sommation & le commerce soutiennent le débit & la valeur vénale des productions ; la valeur vénale est la mesure des richesses de la Nation ; les richesses réglent le tribut qui peut être imposé, & fournissent la Finance qui le paye, & qui doit circuler dans le commerce ; mais qui ne doit point s'accumuler dans un pays au préjudice de l'usage & de la consommation des productions an-nuelles qui doivent y perpétuer, par la répro-duction & le commerce réciproque, les véritables richesses.

L'argent monnoyé est une richesse qui est

payée par d'autres richesses, *qui est pour les Na-tions un gage intermédiaire entre les ventes & les achats*, qui ne contribue plus à perpétuer les ri-chesses d'un Etat lorsqu'il est retenu hors de la circulation & qu'il ne rend plus richesse pour richesse : alors plus il s'accumuleroit, plus il couteroit de richesses qui ne se renouvelleroient pas, & plus il appauvriroit la Nation. L'argent n'est donc une richesse active & réellement profitable dans un Etat, qu'autant qu'il rend continuellement richesse pour richesse ; parceque la monnoye n'est par elle-même qu'une richesse stérile, qui n'a d'autre utilité dans une Nation que son emploi pour les ventes & les achats, & pour les payemens des revenus & de l'impôt, qui le remettent dans la circulation ; ensorte que le même argent satisfait tour à tour & continuellement à ces payemens & à son emploi dans le commerce.

Aussi la masse du pécule d'une Nation agricole ne se trouve-t-elle qu'à-peu-près égale au produit net ou revenu annuel des biens fonds ; car dans cette proportion il est plus que suffisant pour l'usage de la Nation ; une plus grande quantité de monnoye ne seroit point une richesse utile pour l'Etat. Quoique l'impôt soit payé en argent, ce n'est pas l'argent qui le fournit, ce sont les richesses du sol qui renaissent annuellement : c'est dans ces richesses renaissantes, & non, comme le pense

le vulgaire, dans le pécule de la Nation que consiste la prospérité & la force d'un Etat. On ne
supplée point au renouvellement successif de ces
richesses par le pécule ; mais le pécule est facilement supplée dans le commerce par des engagemens par écrit, assurés par les richesses que l'on
possede dans le pays, & qui se transportent chez
l'Etranger. L'avidité de l'argent est une passion
vive dans les particuliers, parcequ'ils sont avides
de la richesse qui représente les autres richesses ;
mais cette sorte d'avidité, qui le soustrait de son
emploi, ne doit pas être la passion de l'Etat : la
grande quantité d'argent n'est à desirer dans un
Etat qu'autant qu'elle est proportionnée au revenu,
& qu'elle marque par là une opulence perpétuellement renaissante, dont la jouissance est effective &
bien assurée. Telle étoit sous CHARLES V, dit *le
Sage*, l'abondance de l'argent qui suivoit l'a-
bondance des autres richesses du Royaume. On
peut en juger par celles qui sont détaillées dans
l'inventaire immense de ce Prince, indépendamment d'une réserve de 17 millions, (près de 300 millions, valeur actuelle de notre monnoye) qui se
trouva dans ses coffres ; ces grandes richesses
sont d'autant plus remarquables que les Etats des
Rois de France ne comprenoient pas alors un
tiers du Royaume.

L'argent n'est donc pas la véritable richesse

d'une Nation, la richesse qui se consomme & qui renaît continuellement; car l'argent n'engendre pas de l'argent. Un écu bien employé peut à la vérité faire naître une richesse de deux écus, mais c'est la production & non pas l'argent qui s'est multipliée, ainsi l'argent ne doit pas séjourner dans des mains stériles. Il n'est donc pas aussi indifférent qu'on le croit pour l'Etat, que l'argent passe dans la poche de Pierre ou de Paul, car il est essentiel qu'il ne soit pas enlevé à celui qui l'emploie au profit de l'Etat. A parler rigoureusement, l'argent qui a cet emploi dans la Nation, n'a point de Propriétaire; il appartient aux besoins de l'Etat, lesquels le font circuler pour la réproduction des richesses qui font subsister la Nation & qui fournissent le tribut au Souverain.

Il ne faut pas confondre cet argent avec la Finance dévorante qui se trafique en prêt à intérêt, & qui élude la contribution que tout revenu annuel doit à l'Etat. L'argent de besoin a, dis-je, chez tous les particuliers une destination à laquelle il appartient décisivement: celui qui est destiné au payement actuel de l'impôt appartient à l'impôt; celui qui est destiné au besoin de quelque achat appartient à ce besoin; celui qui vivifie l'agriculture, le commerce & l'industrie appartient à cet emploi; celui qui est destiné à payer une dette échue ou prête à échoir, appartient à cette dette, &c. & non à celui qui le possède : c'est l'argent de la Nation, personne ne doit le retenir, parcequ'il n'appartient à personne ; cependant c'est cet argent dispersé qui forme la principale masse du pécule d'un Royaume vraiment opulent, où il est toujours employé à profit pour l'Etat. On n'hésite pas même à le vendre au même prix qu'il a couté, c'est-à-dire, à le laisser passer chez l'Etranger pour des achats de marchandises dont a besoin ; & l'Etranger n'ignore pas non plus les avantages de ce commerce où le besoin des échanges décide de l'emploi de l'argent en marchandises & des marchandises en argent ; car l'argent & les marchandises ne sont richesses qu'à raison de leur valeur vénale.

L'argent détourné & retenu hors de la circulation, est un petit objet qui est bientôt épuisé par les emprunts un peu multipliés ; cependant c'est cet argent oisif qui fait illusion au bas peuple ; c'est lui que le vulgaire regarde comme les richesses dé la Nation & comme une grande ressource dans les besoins d'un Etat ; même d'un grand Etat qui réellement ne peut être opulent que par le produit net des richesses qui naissent annuellement de son territoire, & qui, pour ainsi dire, fait renaître l'argent en le renouvellant & en accélérant continuellement sa circulation.

D'ailleurs quand un Royaume eſt riche & flo‑
riſſant par le commerce de ſes productions , il a
par ſes correſpondances des richeſſes dans les au‑
tres pays , & le papier lui tient lieu par‑tout d'ar‑
gent. L'abondance & le débit de ſes productions
lui aſſurent donc par‑tout l'uſage du pécule des
autres Nations , & jamais l'argent ne manque
non plus dans un Royaume bien cultivé , pour
payer au Souverain & aux Propriétaires les reve‑
nus fournis par le produit net des denrées com‑
merçables , qui renaiſſent annuellement de la
terre : mais quoique l'argent ne manque point
pour payer ces revenus , il ne faut pas prendre
le change & croire que l'impôt puiſſe être établi
ſur la circulation de l'argent (*).

L'argent eſt une richeſſe qui ſe dérobe à la vûe.
Le tribut ne peut être impoſé qu'à la ſource des ri‑
cheſſes diſponibles , toujours renaiſſantes, oſtenſi‑
bles & commerçables. C'eſt là que naiſſent les
revenus du Souverain ; & qu'il peut trouver de
plus des reſſources aſſurées dans des beſoins preſ‑
ſans de l'Etat. Les vûes du Gouvernement ne
doivent donc pas s'arrêter à l'argent , elles doi‑
vent s'étendre plus loin & ſe fixer à l'abondance
& à la valeur vénale des productions de la terre ,

____

(*) Voyez ce que nous avons dit plus haut ſur l'Im‑
pôt , pag. 124 & ſuivantes.

pour accroître les revenus. C'eſt dans cette partie de richeſſes viſibles & annuelles, que conſiſte la puiſſance de l'Etat & la proſpérité de la Nation : c'eſt elle qui fixe & qui attache les Sujets au ſol. L'argent, l'induſtrie, le commerce mercantile, & de trafic, ne forment qu'un domaine poſtiche & indépendant, qui, ſans les productions du ſol ne conſtitueroit qu'un Etat republicain : Conſtantinople même, qui n'en a pas le Gouvernement, mais qui eſt réduit aux richeſſes mobiliaires du commerce de trafic, en a, au milieu du deſpotiſme, le génie & l'indépendance dans les correſpondances & dans l'état libre de ſes richeſſes de commerce.

Note sur la Maxime XIV. page 114.

(*Favoriſer la multiplication des beſtiaux.*)

Cet avantage s'obtient par le débit, par l'emploi & l'uſage des laines dans le Royaume, par la grande conſommation de la viande, du laitage, du beurre, du fromage, &c. ſur-tout par celle que doit faire le menu peuple qui eſt le plus nombreux : car ce h'eſt qu'à raiſon de cette conſommation, que les beſtiaux ont du débit, & qu'on les multiplie, & c'eſt l'engrais que les beſtiaux fourniſſent à la terre qui procure d'abondan-

tes recoltes par la multiplication même des bestiaux. Cette abondance de récolte & de bestiaux
éloigne toute inquiétude de famine dans un Royaume si fécond en subsistance. La nourriture que les
bestiaux y fournissent aux hommes y diminue la
consommation du bled, & la Nation peut en vendre une plus grande quantité à l'Etranger, & accroître continuellement ses richesses par le commerce
d'une production si précieuse. L'aisance du menu
peuple contribue donc par là essentiellement à la
prospérité de l'Etat.

Le profit sur les bestiaux se confond avec le
profit sur la culture à l'égard du revenu du Propriétaire, parceque le prix du loyer d'une ferme
s'établit à raison du produit qu'elle peut donner
par la culture & par la nourriture des bestiaux,
dans les pays où les avances des Fermiers ne sont
pas exposées à être enlevées par un impôt arbitraire. Mais lorsque l'impôt est établi sur le Fermier, le revenu de la terre tombe dans le dépérissement, parceque les Fermiers n'osent faire les
avances des achats de bestiaux, dans la crainte
que ces bestiaux, qui sont des objets visibles, ne
leur attirent une imposition ruineuse. Alors faute
d'une quantité suffisante de bestiaux pour fournir
les engrais à la terre, la culture dépérit, les frais
des travaux en terres maigres absorbent le produit net & détruisent le revenu.

Le profit des beftiaux contribue tellement au produit des biens fonds, que l'un s'obtient par l'autre, & que ces deux parties ne doivent pas être féparées dans l'évaluation des produits de la culture calculée d'après le revenu des Propriétaires; car c'eft plus par le moyen des beftiaux qu'on obtient le produit net qui fournit le revenu & l'impôt, que par le travail des hommes qui feul rendroit à peine les frais de leur fubfiftance. Mais il faut de grandes avances pour les achats des beftiaux, c'eft pourquoi le Gouvernement doit plus attirer les richeffes à la campagne que les hommes : on n'y manquera pas d'hommes s'il y a des richeffes ; mais fans richeffes tout y dépérit, les terres tombent en non-valeur, & le Royaume eft fans reffource & fans forces.

Il faut donc qu'il y ait une entiere fûreté pour l'emploi vifible des richeffes à la culture de la terre, & une pleine liberté de commerce des productions. Ce ne font pas les richeffes qui font naître les richeffes qui doivent être chargées de l'impôt. D'ailleurs les Fermiers & leurs familles doivent être exempts de toutes charges perfonnelles auxquelles des habitans riches & néceffaires dans leur emploi ne doivent pas être affujettis, de crainte qu'ils n'emportent dans les Villes les richeffes qu'ils employent à l'agriculture, pour y jouir des prérogatives qu'un Gouvernement peu

éclairé y accorderoit par prédilection au merce-
naire Citadin. Les Bourgeois aifés, fur-tout les
Marchands détailleurs qui ne gagnent que fur le
Public & dont le trop grand nombre dans les
Villes eft onéreux à la Nation, ces Bourgeois,
dis-je, trouveroient pour leurs enfans dans l'a-
griculture protégée & honorée, des établiffemens
plus folides & moins ferviles que dans les Villes ;
leurs richeffes ramenées à la campagne fertilife-
roient les terres, multiplieroient les richeffes &
affureroient la profpérité & la puiffance de l'Etat.

Il y a une remarque à faire fur les Nobles qui
cultivent leurs biens à la campagne ; il y en a
beaucoup qui n'ont pas en propriété un terrein
fuffifant pour l'emploi de leurs charrues ou de
leurs facultés, & alors il y a de la perte fur leurs
dépenfes & fur leurs emplois. Seroit-ce déparer
la Nobleffe que de leur permettre d'affermer des
terres pour étendre leur culture & leurs occupations au profit de l'Etat, fur-tout dans un pays
où la charge de l'impôt (devenue deshonnête)
ne feroit plus établie ni fur les perfonnes, ni fur
les Cultivateurs ? Eft-il indécent à un Duc & Pair
de louer un Hôtel dans une Ville ? Le payement
d'un fermage n'affujettit à aucune dépendance
envers qui que ce foit, pas plus que le payement
d'un habit, d'une rente, d'un loyer, &c. ; mais
de plus on doit remarquer dans l'agriculture que

le Poſſeſſeur de la terre & le Poſſeſſeur des avances de la culture ſont tous deux également Propriétaires, & qu'à cet égard la dignité eſt égale
de part & d'autre. Les Nobles en étendant leurs
entrepriſes de culture, contribueroient par cet
emploi à la proſpérité de l'Etat, & ils y trouveroient des reſſources pour ſoutenir leurs dépenſes
& celle de leurs enfans dans l'état militaire. De
tout tems la Nobleſſe & l'agriculture ont été
réunies. Chez les Nations libres, le fermage des
terres, délivré des impoſitions arbitraires & per-
ſonnelles, eſt fort indifférent en lui-même: les re-
devances attachées aux biens & auxquelles les
Nobles mêmes ſont aſſujettis, ont-elles jamais
dégradé la Nobleſſe ni l'agriculture.

Note sur la Maxime XVI. page 115.

(Tel eſt le débit, telle eſt la réproduction.)

Si on arrête le commerce extérieur des grains
& des autres productions du crû, on borne
l'agriculture à l'état de la population, au lieu
d'étendre la population par l'agriculture. La
vente des productions du crû à l'Etranger augmente le revenu des biens fonds; cette augmentation du revenu augmente la dépenſe des Propriétaires; cette augmentation de dépenſes attire

les hommes dans le Royaume ; cette augmentation de population augmente la confommation
des productions du crû ; cette augmentation de
confommation & la vente à l'Etranger accélerent
de part & d'autre les progrès de l'agriculture, de
la population & des revenus.

Par la liberté & la facilité du commerce extérieur d'exportation & d'importation, les grains
ont conftamment un prix plus égal, car le prix
le plus égal eft celui qui a cours entre les Nations
commerçantes. Ce commerce applanit en tout
tems l'inégalité annuelle des récoltes des Nations,
en apportant tour à tour chez celles qui font
dans la pénurie le fuperflu de celles qui font dans
l'abondance, ce qui remet par-tout & toûjours
les productions & les prix à-peu-près au même
niveau. C'eft pourquoi les Nations commerçantes qui n'ont pas de terres à enfemencer ont leur
pain auffi affuré que celles qui cultivent de grands
territoires. Le moindre avantage fur le prix dans
un pays, y attire la marchandife, & l'égalité fe
rétablit continuellement.

Or il eft démontré qu'indépendamment du débit à l'Etranger, & d'un plus haut prix, la feule
égalité conftante du prix augmente de plus d'un
dixieme le revenu des terres ; qu'elle accroît &
affure les avances de la culture ; qu'elle évite les
chertés exceffives qui diminuent la population ; &

qu'elle empêche les non-valeurs qui font languir l'agriculture. Au lieu que l'interdiction du commerce extérieur est cause que l'on manque souvent du néceffaire ; que la culture qui est trop mefurée aux befoins de la Nation, fait varier les prix autant que les bonnes & mauvaifes années font varier les recoltes ; que cette culture limitée laiffe une grande partie des terres en non-valeur & fans revenu ; que l'incertitude du débit inquiete les Fermiers, arrête les dépenfes de la culture, fait baiffer le prix du fermage ; que ce dépériffement s'accroît de plus en plus, à mefure que la Nation fouffre d'une précaution infidieufe, qui enfin la ruine entierement.

Si pour ne pas manquer de grains, on s'imaginoit d'en défendre la vente à l'Etranger, & d'empêcher auffi les Commerçans d'en remplir leurs greniers dans les années abondantes qui doivent fuppléer aux mauvaifes années, d'empêcher, dis-je, de multiplier ces magafins libres, où la concurrence des Commerçans préferve du monopole, procure aux Laboureurs du débit dans l'abondance, & foutient l'abondance dans la ftérilité ; il faudroit conclure, des principes d'une adminiftration fi craintive & fi étrangere à une Nation agricole qui ne peut s'enrichir que par le débit de fes productions, qu'on devroit auffi reftreindre autant qu'on le pourroit la con-

fommation

fommation du bled dans le pays , en y réduifant la nourriture du menu peuple, aux pommes de terre & au bled noir , aux glands, &c. & qu'il faudroit par une prévoyance fi déplacée & fi ruineufe empêcher le tranfport des blés des Provinces où ils abondent , dans celles qui font dans la difette , & dans celles qui font dégarnies. Quels abus ! quels monopoles cette police arbitraire & deftructive n'occafionneroit-elle pas! Que deviendroit la culture des terres , les revenus, l'impôt , le falaire des hommes, & les forces de la Nation!

NOTE SUR LA MAXIME XVIII. page 116.

(Le bas prix des denrées du crû rendroit le Commerce défavantageux à la Nation.)

SI, par exemple , on achete de l'Etranger telle quantité de marchandifes pour la valeur d'un feptier de blé du prix de 20 liv. , il en faudroit deux feptiers pour payer la même quantité de cette marchandife fi le Gouvernement faifoit baiffer le prix du blé à 10 livres.

NOTE SUR LA MÊME MAXIME.

(Telle eft la valeur vénale, tel eft le revenu)

ON doit diftinguer dans un Etat les biens

qui ont une valeur ufuelle , & qui n'ont pas de
valeur vénale , d'avec les richeſſes qui ont une
valeur uſuelle & une valeur vénale ; par exemple , les Sauvages de la Louſianne jouiſſoient de
beaucoup de biens , tels ſont l'eau , le bois , le
gibier , les fruits de la terre , &c. qui n'étoient
pas des richeſſes , parcequ'ils n'avoient pas de valeur vénale. Mais depuis que quelques branches
de commerce ſe ſont établies entr'eux & les
François , les Anglois , les Eſpagnols , &c. une
partie de ces biens a acquis une valeur vénale &
eſt devenue richeſſe. Ainſi l'adminiſtration d'un
Royaume doit tendre à procurer tout enſemble à
la Nation , la plus grande abondance poſſible de
productions, & la plus grande valeur vénale poſſible , parcequ'avec de grandes richeſſes elle ſe
procure par le commerce toutes les autres choſes
dont elle peut avoir beſoin dans la proportion
convenable à l'état de ſes richeſſes.

Note sur la Maxime XIX. page 117.

(*Le bon marché des denrées n'eſt pas avantageux au petit Peuple.*)

L a cherté du blé , par exemple , pourvu
qu'elle ſoit conſtante dans un Royaume agricole ,
eſt plus avantageuſe au menu peuple, que le bas

prix. Le falaire de la journée du Manouvrier s'établit affez naturellement fur le prix du bled, & eft
ordinairement le vingtieme du prix d'un feptier.
Sur ce pied fi le prix du blé étoit conftamment à
vingt livres, le Manouvrier gagneroit dans le
cours de l'année environ 260 liv., il en dépenferoit en blé pour lui & fa famille 200 liv., & il
lui refteroit 60 liv. pour les autres befoins : fi
au contraire le feptier de blé ne valoit que 10 liv.
il ne gagneroit que 130 liv., il en dépenferoit
100 liv. en bled, & il ne lui refteroit pour les autres befoins que 30 liv. Auffi voit-on que les
Provinces où le blé eft cher font beaucoup plus
peuplées que celles où il eft à bas prix.

Le même avantage fe trouve pour toutes les
autres claffes d'hommes, pour le gain des Cultivateurs, pour le revenu des Propriétaires, pour
l'impôt, pour la profpérité de l'Etat; car alors
le produit des terres dédommage largement du
furcroît des frais de falaire & de nourriture. Il
eft aifé de s'en convaincre par le calcul des dépenfes & des accroiffemens des produits.

Note sur la Maxime XX. page 117.

(*Qu'on ne diminue pas l'aifance du
menu Peuple.*

Pour autorifer les vexations fur les habitans de la campagne, les Exacteurs ont avancé pour maxime, qu'il faut que les *Payfans foient pauvres, pour les empêcher d'être pareffeux.* Les Bourgeois dédaigneux ont adopté volontiers cette maxime barbare, parcequ'ils font moins attentifs à d'autres maximes plus décifives, qui font que l'homme *qui ne peut rien conferver ne travaille précifément que pour gagner de quoi fe nourrir ; & qu'en général tout homme qui peut conferver eft laborieux, parceque tout homme eft avide de richeffes.* La véritable caufe de la pareffe du Payfan opprimé eft le trop bas prix du falaire & le peu d'emploi dans les pays où la gêne du commerce des productions fait tomber les denrées en non-valeur, & où d'autres caufes ont ruiné l'agriculture. Les vexations, le bas prix des denrées, & un gain infuffifant pour les exciter au travail, les rendent pareffeux, braconniers, vagabonds & pillards. La pauvreté forcée n'eft donc pas le moyen de rendre les Payfans laborieux : il n'y a que la propriété & la jouiffance affurées de leur gain, qui puiffent leur donner du courage & de l'activité.

Les Miniftres, dirigés par des fentimens d'humanité, par une éducation fupérieure, & par des vues plus étendues, rejettent avec indignation les maximes odieufes & deftructives qui ne tendent qu'à la dévaftation des campagnes ; car ils n'ignorent pas que ce font les richeffes des habi-

tans de la campagne qui font naître les richeſſes
de la Nation. PAUVRES PAYSANS , PAUVRE
ROYAUME.

NOTE SUR LA MAXIME XXII. page 118.

*(Les grandes dépenſes en conſommation de
ſubſiſtance entretiennent le bon prix des
denrées & la réproduction des revenus.)*

CE que l'on remarque ici, à l'égard des
grandes dépenſes de conſommation des denrées
du crû, ſe rapporte aux Nations agricoles. Mais
on doit penſer autrement des petites Nations commerçantes qui n'ont pas de territoire; car leur
intérêt les oblige d'épargner en tout genre de
dépenſes pour conſerver & accroître le fond des
richeſſes néceſſaires à leur commerce, & pour
commercer à moins de frais que les autres Nations, afin de pouvoir s'aſſurer les avantages de
la concurrence dans les achats & dans les ventes
chez l'Etranger. Ces petites Nations commerçantes doivent être regardées comme les Agens du
commerce des grands Etats, parcequ'il eſt plus
avantageux à ceux-ci de commercer par leur en-
tremiſe que de ſe charger eux-mêmes de différentes parties de commerce qu'ils exerceroient avec
plus de dépenſes, & dont ils retireroient moins

de profit , qu'en fe procurant chez eux une grande
concurrence de Commerçans étrangers ; car ce
n'eft que par la plus grande concurrence poffible,
permife à tous les Négocians de l'univers , qu'une
Nation peut s'affurer le meilleur prix & le débit
le plus avantageux poffible des productions de
fon territoire & fe préferver du monopole des
Commerçans du pays.

Note sur la Maxime XXVI. page 119.

(*Etre moins attentif à l'accroiffement de la population, qu'à celui des revenus.*)

Le défir qu'ont toutes les Nations d'être puif-
fantes à la guerre , & l'ignorance des moyens de
faire la guerre , parmi lefquels le vulgaire n'envifage que les hommes , ont fait penfer que la force
des Etats confifte dans une grande population.
On n'a point affez vu que pour foutenir la guerre
il ne falloit pas à beaucoup près une fi grande
quantité d'hommes qu'on le croit au premier
coup-d'œil ; que les armées très nombreufes doivent être & font ordinairement bien plus funeftes
à la Nation , qui s'épuife pour les employer, qu'à
l'ennemi qu'elles combattent ; & que la partie
militaire d'une Nation , ne peut ni fubfifter , ni
agir que par la partie contribuable.

Quelques efprits fuperficiels fuppofent que les grandes richeffes d'un Etat s'obtiennent par l'abondance des hommes : mais leur opinion vient de ce qu'ils oublient que les hommes ne peuvent obtenir & perpétuer les richeffes que par les richeffes, & qu'autant qu'il y a une proportion convenable entre les hommes & les richeffes.

Une Nation croit toujours qu'elle n'a pas affez d'hommes ; & on ne s'apperçoit pas qu'il n'y a pas affez de falaire pour foutenir une plus grande population, & que les hommes fans fortune ne font profitables dans un pays qu'autant qu'ils y trouvent des gains affurés pour y fubfifter par leur travail. Au défaut de gains ou de falaire, une partie du peuple des campagnes peut à la vérité faire naître pour fe nourrir, quelques productions de vil prix qui n'exigent pas de grandes dépenfes ni de longs travaux, & dont la récolte ne fe fait pas attendre long-tems : mais ces hommes, ces productions & la terre où elles naiffent, font nuls pour l'Etat. Il faut, pour tirer de la terre un revenu, que les travaux de la campagne rendent un produit net au-delà des falaires payés aux ouvriers, car c'eft ce produit net qui fait fubfifter les autres claffes d'hommes néceffaires dans un Etat. C'eft ce qu'on ne doit pas attendre des hommes pauvres qui labourent la terre avec leurs bras ou avec d'autres moyens infuffifans ; car ils ne peuvent que fe

procurer à eux-seuls leur subsistance en renon-
çant à la culture du blé qui exige trop de tems,
trop de travaux, trop de dépenses pour être exécutée par des hommes dénués de facultés & réduits à tirer leur nourriture de la terre par le seul
travail de leurs bras.

Ce n'est donc pas à de pauvres Paysans, que
vous devez confier la culture de vos terres. Ce
sont les animaux qui doivent labourer & fertili-
ser vos champs : c'est la consommation, le débit,
la facilité & la liberté du commerce intérieur &
extérieur, qui assurent la valeur vénale qui forme
vos revenus. Ce sont donc des hommes riches
que vous devez charger des entreprises de la culture des terres & du commerce rural, pour vous
enrichir, pour enrichir l'Etat, pour faire renaître des richesses intarrissables, par lesquelles
vous puissiez jouir largement des produits de la
terre & des Arts, entretenir une riche défense
contre vos ennemis, & subvenir avec opulence
aux dépenses des travaux publics pour les commodités de la Nation, pour la facilité du commerce de vos denrées, pour les fortifications de
vos frontieres, pour l'entretien d'une Marine re-
doutable, pour la décoration du Royaume, &
pour procurer aux hommes de travail des salaires
& des gains qui les attirent & qui les retiennent
dans le Royaume. Ainsi le Gouvernement poli-

tique de l'agriculture & du commerce de ses productions est la base du Ministere des Finances,
& de toutes les autres parties de l'administration
d'une Nation agricole.

Les grandes armées ne suffisent pas pour former une riche défense; il faut que le soldat soit
bien payé pour qu'il puisse être bien discipliné,
bien exercé, vigoureux, content & courageux.
La guerre sur terre & sur mer emploie d'autres
moyens que la force des hommes, & exige d'autres dépenses bien plus considérables que celles
de la subsistance des soldats. Aussi ce sont bien
moins les hommes que les richesses qui soutiennent la guerre : car tant qu'on a des richesses pour
bien payer les hommes on n'en manque pas pour
réparer les armées. Plus une Nation a de richesses pour faire renaître annuellement les richesses,
moins cette réproduction annuelle occupe d'hommes, plus elle rend de produit net, plus le Gouvernement a d'hommes à sa disposition pour le
service & les travaux publics; & plus il y a de
salaire pour les faire subsister, plus ces hommes
sont utiles à l'Etat par leurs emplois & par leurs
dépenses qui font rentrer leur paye dans la circulation.

Les batailles gagnées où l'on ne tue que des
hommes, sans causer d'autres dommages, affoiblissent peu l'ennemi si le salaire des hommes

qu'il a perdu lui refte, & s'il eft fuffifant pour attirer d'autres hommes. Une armée de cent mille hommes bien payés eft une armée d'un million d'hommes ; car toute armée où la foide attire des hommes ne peut être détruite : c'eft alors aux foldats à fe défendre courageufement ; ce font eux qui ont le plus à perdre, car ils ne manqueront pas de fuccefleurs bien déterminés à affronter les dangers de la guerre. C'eft donc la richeffe qui foutient l'honneur des armes. Le Héros qui gagne des batailles, qui prend des villes, qui acquiert de la gloire, & qui eft le plutôt épuifé, n'eft pas le Conquérant. L'Hiftorien qui fe borne au merveilleux dans le récit des exploits militaires, inftruit peu la poftérité fur les fuccès des événemens décififs des guerres, s'il lui laiffe ignorer l'état des forces fondamentales & de la politique des Nations dont il écrit l'hiftoire ; car c'eft dans l'aifance permanente de la partie contribuable des Nations, & dans les vertus patriotiques, que confifte la puiffance permanente des Etats.

Il faut penfer de même à l'égard des travaux publics qui facilitent l'accroiffement des richeffes ; tels font la conftruction des canaux, la réparation des chemins, des rivieres, &c. qui ne peuvent s'exécuter que par l'aifance des contribuables en état de fubvenir à ces dépenfes fans préjudicier à la réproduction annuelle des richef-

ſes de la Nation : autrement de téls travaux ſi
étendus , quoique fort déſirables , ſeroient par les
impoſitions déréglées , où par les corvées continuelles, des entrepriſes ruineuſes dont les ſuites ne
ſeroient pas réparées par l'utilité de ces travaux
forcés & accablants ; car le dépériſſement d'un
Etat ſe répare difficilement. Les cauſes deſtruc-
tives qui augmentent de plus en plus rendent inutiles toute la vigilance & tous les efforts du Mi-
niſtère , lorſqu'on ne s'attache qu'à réprimer les
effets & qu'on ne remonte pas juſqu'au principe :
ce qui eſt bien prouvé, pour le tems, par l'Auteur
du Livre intitulé : *le détail de la France ſous
Louis XIV*, imprimé en 1699. Cet Auteur rapporte lés commencemens de la décadence du
Royaume à l'année 1660 , & il en examine les
progrès juſqu'au tems où il a publié ſon Livre : il
expoſe que les revenus des biens fonds qui étoient
de 700 millions (1400 millions de notre mon-
noie d'aujourd'hui), avoient diminué de moitié
depuis 1660 juſqu'en 1699 : il obſerve que ce n'eſt
pas à la quantité d'impôts , mais à la mauvaiſe
forme d'impoſition & à ſes déſordres , qu'il faut
imputer cette énorme dégradation. On doit juger
de-là des progrès de cette diminution , par la
continuation du même genre d'adminiſtration.
L'impoſition devint ſi déſordonnée qu'elle monta
ſous Louis XIV à plus de 750 millions qui ne ren-

doient au Tréfor Royal que 250 millions (*) ,
ce qui enlevoit annuellement aux contribuables la
jouiffance de 500 millions, fans compter la dégradation annuelle que caufoit la taille arbiraire établie fur les Fermiers. Les impofitions multipliées &
ruineufes fur toute efpece de dépenfes s'étendoient
par repompement fur la dépenfe de l'impôt même , au détriment du Souverain pour lequel une
grande partie de fes revenus devenoit illufoi-
re. Auffi remarque-t-on que par une meilleure
adminiftration on auroit pû en très peu de tems
augmenter beaucoup l'impôt , & enrichir les
Sujets en aboliffant ces impofitions fi deftructives,
& en ranimant le commerce extérieur des grains,
des vins, des laines, des toiles, &c. Mais qui
auroit ofé entreprendre une telle reforme dans
des tems où l'on n'avoit nulle idée du Gouvernement économique d'une Nation agricole ? On
auroit cru alors renverfer les colonnes de l'édifice.

(*) Voyez les *Mémoires pour fervir à l'Hiftoire générale des Finances* , par M. D. de B.

Fin des Notes.

* 9 7 8 2 0 1 9 6 7 7 7 9 4 *